당신의 사랑

당신의 사랑

지은이 손영규
초판발행 2020년 9월 17일

펴낸인 배용하
표지 디자인 Gideon E. Paliama
등록 제364-2008-000013호
펴낸곳 도서출판 대장간
www.daejanggan.org
등록한곳 충남 논산시 매죽헌로 1176번길 8-54
대표전화 전화 :041-742-1424 전송 :0303-0959-1424
분류 문학 | 시

ISBN 978-89-70071-534-6 03810
CIP제어번호 CIP2020036525

값 10,000원

손영규 시집

당신의 사랑

주님
보내주신
내 삶의 동반자
사랑하는아내와
사랑하는
가족들께
드립니다

어린 시절, 꿈이 있었습니다.
나의 삶을 담은 자그마한 시집詩集 한 권 가졌으면 하는 꿈 말입니다.
고교 시절, 문예부 친구들이 교지校誌에 글을 싣는 것을 보고, 특히 시詩를 쓰는 것을 보고 너무나 부러웠습니다.

20대가 되면서 그 꿈은 더 간절해졌습니다. 대학생 시절, 이런 저를 아는 친구가 학교 신문기자로 있었는데, 학교신문에 시를 한번 응모해 보라고 권유했지요. 하여 용기를 내어서 학교신문사에 응모해 보았습니다. 두근거리는 가슴을 안고! 그 결과 당시 인문대학장으로 계신 조병화 교수께서 평을 하신 몇 편의 시가 학교신문에 실리게 된 것입니다. 얼마나 용기가 났는지요!

30대에 들어서면서 결혼도 해서, 아내와 관련한 시편들이 태어나기 시작했습니다. 그리고 생각하기를 이렇게 한 편, 두 편, 시들이 세월 가면서 모이게 되면, 그 언젠가는 한 권의 시집을 꾸릴 수도 있겠구나!

40대 시절은 내 인생의 여름으로서 활발한 활동이 펼쳐진 시절이었습니다. 주님의 말씀에 인생을 걸고, 의사로, 목사로, 선교사로 살아간 시절이었습니다. 이 인생 여정 속에 배우고, 깨닫고, 느끼게 된 것들이 시편詩篇으로 하나둘 모이고 쌓이게 된 것입니다.

50대가 되어, 인생의 초가을 같은 시절로 접어들면서 자녀들도 성년이 되었습니다. 따라서 나의 삶의 이야기들, 특히 아내와 함께 살아온 인생의 이야기들을 자녀들에게 전해줘야 하겠다는 마음이 일어났습니다. 그 삶의 이야기들을 시편으로 남기게 될 때, 이 글들은 우리 가족들뿐만 아니라, 누군가 다른 이들에게도 한 사람의 인생 여정을 시편으로 공감할 수 있으리라는 생각 말입니다.

60대가 되면서 부모님들이 세상을 떠나가시고, 어느덧 나도 할아버지가 되었습니다. 가을이 익어가는 것입니다. 내 삶에 대한 결실을 맺어 가는 계절에 온 것입니다.

65세, 어느 친구의 축하처럼 '대한노인회 정회원'이 되었습니다. 어느덧 내 인생의 늦가을, 겨울의 길목에 들어 서 있습니다. 이제 내 삶의 한 열매로, 그동안 간직해 두었던 추억의 사진들과 함께 이렇게 첫 시집詩集을 꾸며 봅니다. 한평생 내 삶을 인도해 오시는 주님 은혜 감사드리며!

2020. 가을

국당菊堂마을에서

혜민惠民 손영규

차 례

봄 (1953-1982)

여름 (1983-2002)

가을 (2003-2017)

겨울 길목 (2018 이후)

주님과 함께 살아온

내 인생의 사계四季

그 삶의 노래들

나직이 불러 본다

–「서시」 중에서

서 시

주님의 말씀에 인생을 걸고
주님 말씀대로 살아 보려고
흉내라도 내보려고
발버둥 해 온
세월

지나온 날들 돌이켜 보면
아쉽고, 안타깝고
가슴 깊이 아려온다

인생의 계절
이리도 빠르게 지나는가!
봄날인가 했는데
어느덧
겨울 길목에 서다

주님과 함께 살아온
내 인생의 사계四季
그 삶의 노래들
나직이 불러 본다

그러나
내가 가는 길을
그가 아시나니
그가 나를 단련하신 후에는
내가 순금같이
되어 나오리라

· 욥 23: 10 ·

봄

(1953-1982)

갈매기의 꿈

구름 흘러가는 하늘 끝
임은 한 마리
은빛 갈매기
조찰히 씻기우는
별빛 속을
이제사
초연히 솟아오르다

오-온 하늘을 우날으는
이 벅찬 가슴은
억만년 함묵 속
하늘 우러러
살아왔음이러라

하여 때때로
산 자도 죽은 자 같은
생각이 들 때면
나는
높푸른 하늘로 발돋움하고
오르려 솟아오르려고
내 작은 나래를 파닥인다

하그리 많은
생명의 꽃들이
피었다 지는 이 하늘에
이제 정녕
우리의 영혼은
사랑을 담고
강물 되어 흐를지니
가슴에 하나 가득 꿈을 품은
갈매기는
날아라 날아올라라

내 님은 한 마리
은빛 갈매기
조찰히 씻기우는
별빛 속을
이제사
초연히
솟아오르다

73. 5. 부활절 새벽에

봄의 소리

창을 열면
겨울의 내음이
살갗으로 파고든다

이날
무한한 공간이 가슴에 펼쳐지고
낯설은 한풍寒風이 한차례
솔잎을 스쳐간다

나는 어디서 왔으며
어디로 가는 걸까
이리도 차갑고 어두운 겨울은
또
어이 지내란 말인가

바삭거리는 살얼음 밑에
봄의 소리를 찾는다

나의 봄은
아직 아득한데
그래도 어느 하늘가에선가
숨쉬고 있을지니

먼 훗날
뻐꾸기가 울고 간 그 밤
밤새 하늘엔
꽃별이 흐르고

난
햇빛 내리는
아침을 갖고 싶다

그날 아침엔
하얀 까치 한 마리
날아와
우짖어도 좋으리니

이제는
다소곳이 두 귀를 기울이고
하늘에서 오는
영혼의 소리를 듣자

73. 12. 비상계엄령

희원希願

내 병실에
자그마한 꽃밭이 생겼었다
빨간 카네이션
붉고 흰 모자이크처럼 된 카네이션
흰 국화, 노란 국화, 자주색 국화
모두 저마다 향기로운
마음씨를 담고 보내져
나의 마음에도 심겨졌다

그 뼈를 꺾는 아픔과
생명인 피를 뿌림으로써
영혼에 죄를 가진 자 위해
대속의 제물이 되는 어린 양 같이
그렇게 모여진
송이
꽃송이

고요히 그러나 뜨겁게 여울져 오는
내 죄악의 업고業苦가
이 환-한 작은 생명들을 대할 때마다
밤하늘에 뭇별이 그리도 흐르듯
씻기어가고

또
내 마음의 꽃밭을 가꾸어감에
평안이 그렇게 오더니

시간을 먹어감에 여위어 가는
내 머리맡 병실의 꽃밭은
황국 하나, 백국 넷
자국 하나
빨간 카네이션 하나

그러나
정녕 내 가슴 속
마음의 꽃밭은
맑고 곧은 영혼의 꽃송이가
자꾸만 벌어

이제
나의 꽃밭에 봄이 오면
죄악을 벗고 병실을 나와
온통 내 마음에
꽃동산을
이루고 싶다

74. 3. 22. 폐결핵으로 입원한 내과병실에서

어떤 날

폭풍이 온다고들 한다

여기
공원 벤치에 앉았노라니
가랑비가 촉촉이 내리고 있다
보슬비를 머금은 나무들이
보다 풍성해 보인다

하나 둘
어른들은 우산을 펴고
자리를 비우지만
그네엔 아이들의 꽃송이가
활짝 피어있다

비둘기 두 마리
그네 위를
날아오른다

74. 7. 5. 서울 사직공원에서

오늘 이야기

표백되지 않은 대화가
거리마다 뒹굴고 있다

시청 앞 분수인양
쏟아져 흩어지는 언어들 속에
어제와 오늘이 숨쉬고 있고
또 내일의 모습이 보인다

그것은
정녕 내 생명의 한 파편으로
다른 이의 상념 속에
향기롭게 박혀지길
바라는 마음이면서도
입이 바르지 못함에
왠 종일
햇빛 한줌 삼키고
가슴앓이 하다

아침
자리에 일어나면
오늘의 낱말을 고른다

74. 7. 28. 긴급조치령

부성 父聲

바다가 들끓고 있었다
통금 된 시절을 만든
태고로부터

한소리 한소리조차
나의 핏속에 상흔傷痕을 남겨
포효咆哮의 바다를 품게 했었다

그러나
내 가슴 속
골골이 메아리쳐
애련愛憐에
잠기게 하는 것은

이제
그 바다에
가을이
내리고 있기 때문이다

74. 9. 19. 집 안에 큰 다툼이 있은 날

가을 소묘素描

쪽빛 하늘의 우물가로
쪼르르
참새 두어 마리
한바탕 햇볕을 쪼다
가더니
가을이 동동 떠다닌다

내 빈 마음은
빨간 고추잠자리
이웃 순이네 지붕
함박 위로
숨가쁘게 날아 앉으면
갑자기
가슴 가득 부딪쳐 오는
해바라기
흐드러지게 환한 웃음
순이
얼굴

74. 10. 16. 내 사랑, 삼양교회에서

거대한 성城

저 바람 속에
나풀거리는 잿빛 세상을 보고
불타는 가슴으로 함묵하고 섰다

진실로
하나의 이름이 만들어지기까지
그 숱한 아픔을 배우려 하면서도
스스로 죄지어
어젠
그리 허망하게 세상과 함께 나풀거리며
전율하고 섰었다

이제는
빛나는 눈으로 부딪쳐야 할 시간

오직 맑고 곧음은
하늘과 마음에 살아
더욱 튼튼해진 영혼이기에
용서함으로 용서받을 수 있는
그 향기로운 비밀을
세포 세포마다에 간직함으로
내게 속한 모든 고난을
철저히 용납하되

오히려 반추하며
음미해야 할 것이다

이젠 죽어 살아 더욱 불타는 가슴인데
동서남북
뭇 바람 불어오라
백두, 태백, 지리, 한라
산산 골골마다 후비치는 눈바람
동해, 남해, 황해
섬섬마다 연연히 몰아치는 비바람
모두 오라 모두 불어 닥쳐라

오늘
눈감고 하늘 우러름에
더욱 밝히 보이는 세상임에
더욱 튼튼해진 영혼인데

75. 11. 6. 통금 시절의 노래

바다

바다가 다가오고 있었다
찬연粲然한 웃음을 띠고
파란 머릿결을 흩날리며
달려오고 있었다

그 순결한 체취가
내 가슴에 몰려와
한 뜨거운 노래를
가르쳐 주는 것이었다

벽이 솟아오르고 있었다
어둠을 몰고 오는 암벽이
하늘에 소리도 없이
눈발을 흩뿌리며
내 자유로운 의사意思를 차단하고
바다를 파문의 여운도 없이
누구도 모르는 심연深淵 속으로
죽음같이 침전시키고 있었다

바람이 불어올까
내 노래보다 먼저
푸른 바람이
바다를 안고 불어올까

이름할 수 없는 부끄러운 암벽이
내 가냘픈 두 손을 얽어 묶고
하얗게 웃고 서 있다

새 봄은 꽃노래하고
나비 춤추며 온다고 한다
봄 바다는 순연純然한 미소로
빙벽氷壁을 녹인다지만
가슴에 내리는 겨울비는
표표히 떠다니며
나의 녹슬은 뇌파腦波를
추락시키고 있다

겨울비에 부딪혀 부서지는
파동波動은 여린 금속성을 내며
더 야문 소리를 부르나
주검같이 더 높이
두꺼운 벽만 쌓고 마는 것이다

노래하는 사람이 지나간다
그러나 그는 노래한 적이 없다
나는 노래할 것이다
곧고 정淨한 소리로 할 것이다

내 젊음만큼이나 푸르른 하늘이
바람을 몰고 오면
날이 선 금빛 파동으로
파도를 만들어
그 냉혹한 암벽을 부수고
내가 달려갈 것이다
그리고 가슴 가득 그 바다를
마구 껴안을 것이다

부질없는 일일까
오늘도 조심스레
가는 숨을 숨어 쉬며
나의 바다를 찾다가
산 너머 밝은 햇살을 찾다가
또 이렇게 울고야 마는 것을

75. 1. 28. 통금 시절의 노래

그는 너희보다 먼저
그 길을 가시며
장막 칠 곳을 찾으시고
밤에는 불로 낮에는 구름으로
너희가 갈 길을
지시하신 자이시니라

· 신 1:33 ·

여름

(1983-2002)

상동교회

아내에게

흰 눈이 오는 계절
그대 하얀 면사포가
생각나는 12월
우리들의 혼인날이
생각나나니

우린
그 여름의 싱그러움과
무성함으로 만났고
가을의 향기와
그윽함으로 사랑했고
그토록 긴 겨울밤의
갈등과 번민으로
우리들의 사랑을 이루었더니

그러나 그대를 맞아
나의 편협함과 완고함으로
그대 아름다운 눈동자의
빛을 앗아 왔음이
이렇게 함박눈이 내리는
저녁 으스름에
나의 끝없는 회한悔恨으로
흩날리고 있나니

이제
그대 있음에 그대와 함께
새 아침을 맞기 위해
내 이토록
뜨거운 노래를
준비하나니

아내여
새해 아침엔
사랑의 합창으로
만날 지고

83. 12. 24. 성탄절 전야

당신의 사랑

당신의
그 부드러운 손으로
잡아주셔도 좋습니다
그 옷깃을 만지게만 하셔도
좋겠습니다
따뜻한 그 눈길만으로도
족하옵니다

나의 소망
당신의 사랑 속에 녹아져
물이 되어 흐르게 하시며
흐르고 흘러 더욱 깊어가는
강물 되게 하옵소서
당신의 사랑으로 메마르지 않을
나의 강가엔
늘 푸르른 나무들이
자라게 되리이다

당신으로 시작된
그 나무들은
나와 당신의 나무로 자라고
하늘 우러러 두 손 높이 들고
당신이 주시는 한 낮의 뜨거움과

한 밤의 차가움으로
연단 되게 하시며
자라고 자라 더욱
푸르른 나무 되게 하옵소서

어느 날인가
당신의 사랑으로 가득한
그 강물은
더욱 더 깊어가고
당신께로 향한
나의 마음을 담은
그 나무들은
당신이 거하실 처소를
이루어 갈 것이옵니다

당신의
그 부드러운 손으로
잡아주셔도 좋습니다
그 옷깃을 만지게만 하셔도
좋겠습니다
따뜻한 그 눈길만으로도
족하옵니다

85. 11. 1. 아내 생일에 주님 은혜 생각하며

선물

포근한 한 번의 포옹으로도
두 손 가만히 감싸 쥠에도
따뜻한 눈길만으로도
온 가슴 설레임에
전율하는 당신

여린 마음
질그릇 같은 나의 의지이기에
못내 안타까움으로 바라보는 당신

또 한 해를 보내는 겨울의 길목에
여드 해 맞는 우리들의 혼인날

나의 두 손 가득
순치馴致할 수 없는 옛사람을 벗고
성탄을 기다리는 이 정한 마음
담아 바치 오리니

아내여
아침 햇살
새아씨 그 환한 미소로
화답할 지고

86. 12. 16. 여드 해 맞는 혼인날

성탄

화평은
용서함으로 오는 것을
용서함은
나를 온전히 죽이므로 오는 것을
비로소 사랑도 시작되는 것을

살아 계신 하나님의 아들
예수 그리스도시여
당신이 이 땅에 오심은

"지극히 높은 곳에서는
하나님께 영광이요
땅에서는 기뻐하심을 입은
사람들 중에 평화" 눅2:14

인 것을

당신을 영접함으로
이 가난한 가슴에
이렇게 기쁨이 샘솟는 것을
이렇듯 화평이 넘쳐나는 것을
사랑도 비로소 배우게 된 것을!

86. 12. 25. 성탄절 아침에

눈물이 마르지 않게 하옵소서

주여 내 생애에
눈물이 마르지 않게 하옵소서

내게 향하신 주님의 사랑
감사의 눈물이
끊이지 않게 하옵시며
주님 말씀 앞에 비친
내 죄악의 모습
참회의 눈물이
끊이지 않게 하옵시사

주님을 알고 또 나를 알아
주님 말씀에 인생을 걸고
그 말씀대로 살아가게 하옵소서

내게 임하신 주님 은혜
보답할 길 없사오나
주님 향한 나의 마음
찬송으로 바치오니

주여 내 생애에
눈물이 마르지 않게 하옵소서

91.11.10. LA. 나성한인교회에서

세리 마태

마 9:9-13,10:2-4;막2:14-17;눅5:27-32;행1:13

마태복음을 쓰셨다는 것 이외는
당신을 잘 몰랐습니다
당신의 본 이름이 '레위' 였던 것은 물론
당신의 아버지가 헬라식으로 창씨개명 한
'알패오' 였던 것은 더욱 몰랐습니다
아마도 당신의 아버지는
그 전 이스라엘을 지배하던
헬라의 앞잡이였겠지요

그러나 당신을 사랑하셨기에
당신의 이름을
이스라엘 가문의 전통에 따라
'레위' 라고 지었겠지요

성전에 앉아있어야 할 당신은
세관에 앉아, 세리가 된 자신을
안타깝게 바라보고 있었겠지요
그러나 또 한 분이
당신을 바라보고 계셨지요
그분 예수님이
당신을 찾아와 부르셨지요

"나를 따르라"

그때 당신은
그분이 누구이신지 깨달았습니다
주님의 따뜻하고 사랑스런 부르심은
당신의 눈에 형언할 수 없는 기쁨의 눈물로
당신의 가슴에 용솟음치듯 솟아오르는
뜨거운 감격으로 온통 당신의 생애를
바꾸어 놓고 말았습니다

그때의 감격을 기록함에 당신은
"일어나 따르니라" 라고만 기록하셨지요
'누가'는 "모든 것을 버리고 일어나 따르니라"
라고 기록하고 있는데도 말입니다

당신은 주님의 은혜에 너무나 감사하여
주님과 제자들을 당신 집에 초청하시고
많은 동료 세리들과 죄인들을 불러 놓고
주님의 말씀을 듣게 하셨지요
이를 기록함에도 당신은
"예수께서 집에 앉아 음식을 잡수실 때에"
라고만 하셨지요
'누가'는 "레위가 예수를 위하여
자기 집에서 큰 잔치를 하니"
라고 기록하고 있는데도 말입니다

성경 어디에서도
당신이 어떤 주장을 했었다는
한마디의 말씀도 기록되어 있지 않습니다
주님이 당신을 제자로 부르시고
'하나님의 선물'이라는 뜻의
'마태'란 이름을 주셨음에 늘 감사하여
당신은 한평생 이를 잊지 아니하고
묵묵히 주님만 따랐었지요

이렇듯 겸손하신 당신의 모습이기에
당신이 기록하신 한 부분의 말씀이
어린 저의 마음 한구석에
조그마한 의혹을 일구었습니다

당신은 '누가'가 기록한 것같이
"세리 레위가 세관에 앉은 것을"
이라 기록하지 아니하고
"마태라 하는 사람이 세관에 앉은 것을"
이라고 기록하신 부분으로

왜 자신이 세리였던 것을
구체적으로 밝히지 않았는가?
하는 것이었습니다

그러나 당신의 글을
더욱 자세히 읽어가므로
이 의문에의 대답을 발견하게 되었습니다
차라리 그것은 나에게
너무나도 애절한 충격이었습니다

마태복음 10장 2, 3, 4절!
예수님의 열한 제자의 아름다운 이름들과
주님을 판 또 한 제자의 이름이 기록된 곳
우리들 마음속에, 저 하늘나라 생명책에
세세토록 영화롭게 기록된 그 이름들 속에
당신은 옛 자신의 모습을 잊지 않고
겸허히 스스로 낮추셨지요
세리 마태!

당신은 우리 주님과 함께 동행하셨고
오순절 날 불같이 쏟아져 임하신
성령 강림을 체험하셨기에
우는 사자같이 달려드는
로마의 모진 핍박 속에서도
믿음을 지키며, 소망을 가꾸며
사랑으로 위로하는
참 사도가 되셨지요

하나님의 나라를 가슴에 품으시고
소리 없이 다가오는 순교의 길목에서
믿는 이들 마음속에 고이고이 간직된
주님 제자들의 귀하고 아름다운
이름들이 자리하는 곳
당신은 당신의 이름을 기록하기를
세리 마태!

아! 당신께로 향하신 주님의 사랑
주님께로 드리는 겸손의 감사
마음의 마음으로 이어지는
은혜의 자리에서
나는 부끄러워 차마 부끄러워
왜 이리도 눈물은 나의 온 가슴으로
강물 되어 흐르는지

주님의 은혜가 나에게도 충만하사
나도 선한 싸움을 싸우고
달려갈 길을 마치고, 믿음을 지키므로
아름다운 자리에 앉게 될지라도
잊지 않고 기억할 이름
세리 마태, 구주 예수!

92. 6. 28. L.A. 국제신학교(ITS)에서

기도

언제나 주님께서 나를 생각해 주실 것을
언제나 나는 주님 생각할 것을

주님은 언제나 나를 긍휼히 여기시고
은혜를 베푸시나
나는 때때로
주님께 엎드려 감사를 돌렸나니

이제는 나의 삶이
언제나 주님께 기도하는 모습일 것을
이제는 나의 삶이
언제나 주님께 감사하는 모습일 것을

주님은 언제나
그리도 크시고
나는 언제나
이리도 작은 것을!

93. 여름. LA. 나성한인교회에서

하나님의 처소

I. 출애굽기 35장 4절- 39장 43절

여호와의 말씀이
무릇 마음에 원하는 자들은
자신의 소유 중에서 취하되
여호와께서 명하신 것을 드려
그 마음이 지혜로운 자가 와서
하나님의 처소를 지어라 하셨네

여호와의 말씀 따라
마음이 감동된 자
자원하는 자
마음이 슬기로운 자 모두
각가지 귀한 예물
즐거이 여호와께 바쳤네

믿음의 금과 은, 인내의 놋
의의 기름, 기도의 향료
희락 화평 절제의 청색 자색 홍색 실
여러 가지 감사의 아름다운 보석들
온유의 조각목, 충성의 말뚝
순결의 세마포
사랑의 매는 줄들

여호와께서 지혜와 총명을 부으사
성소에 쓸, 모든 일을 할 수 있게 하신 자들
그 마음에 여호와께로 지혜를 얻고 와서
그 일을 하려고 마음에 원하는 자들
하나님의 처소를 세웠네, 기쁨으로 세웠네

여호와께서 거하실 처소
아름답게 이루어졌네 넉넉하게 지어졌네
여기 은혜가 넘쳤네

II. 이사야 55장 3절-7절

하나님의 말씀이 이 처소로 나아와
여호와께 귀 기울이고
나아와 들으라 하시네
그리하면 우리 영혼이
살리라 하시네

하나님의 말씀이 이 처소로 나아와
여호와를 만나라 하시네
가까이 계신 그를 부르라 하시네
그리하면 긍휼히 여기사
널리 용서하리라 하시네

Ⅲ. 고린도전서 3장 10절-17절, 에베소서 2장 20절-22절

여호와 하나님께서
사도들과 선지자들 터 위
그리스도 예수께서
모퉁이 돌이 되신 곳
우리 자신을 그곳에
세우심을 입은 자로 부르시네

주 안에서
우리 서로 사랑으로 연결하여
새 성전이 되어가고
성령 안에서 예수 안에서
우리 함께 하나님의 거하실 처소
지어가라 하시네

이제
하나님의 처소는
내 안에 있네
우리 안에 있네

93. 가을. LA. 나성한인교회에서

나와 너 사이

사무엘상 20장 23절, 42절

너는 나로 우리가 되고
나는 너로 우리가 되나니

너의 소원 나의 간구이며
나의 소망 너의 기도이기에

나는 너의 마음속에
사랑으로 피어나고
너는 나의 영혼 속에
믿음으로 열매를 맺나니

나와 너 사이
영원할 것은
너와 나 사이
여호와 계심에

93. 가을. LA. 나성한인교회에서

예수

주님은
그리스도
살아 계신 하나님의 아들
병들고 상처받은 몸과 영혼의
참 치유자
예수
우리 구주
우리의
소망

95. 7. 10. 소망이비인후과의원(분당) 개원하면서

교회가는 길

교회 가는 길
붕어빵 장수 아저씨를 만난다

갈릴리 호숫가 같은
양지마을 길가에
베드로의 배 같은 미니 트럭에 걸터앉아
금방이라도 팔딱거리며
살아 움직일 것 같은 금붕어들을
만들어 낸다

교회 가는 길
붕어빵 장수 아저씨는
오늘도 바구니 하나 가득 통통한
붕어들을 만들어 놓았건만
내 손엔 아무 것도 없다

한 사람이라도 낚아서
주님 계신 교회로
데려가야겠는데

주님 그물 내릴 곳을
일러 주소서

96. 10. 11. 한영혼주일을 기다리며 한울교회에서

에바다

신도시 분당
양지마을 한 켠에
병원을 열었다

귀, 코, 입 그리고 눈병을
치료하는 병원을 열어서인지
듣지도, 말하지도
보지도 못하는 자들이
많이 온다

주사로, 약으로, 치료하고 돌봄에
육신의 병은 낫아 가지만

영혼의 귀, 코, 입
그리고 눈은
도무지 열려 하지
않는다

주님
주님 말씀만이 묘약이오니
'에바다' 하여
주옵소서

96. 10. 17. 분당 양지마을 소망이비인후과에서

공일과 주일

멀리 사는 친구에게
오랜만에 안부 전화가 왔다

요즘 일요일에
무슨 운동하냐고 묻는다

자기는 한 이년 전부터
공치는 골프를 한단다

일요일은 공일이니까

그래 나는
주 경배운동
주 전도운동
한단다

일요일은
주일이니까

96. 10. 25. 친구 안부 전화 받고

당신의 생일 1

창밖엔
조용히
당신의 기도 같은
가을비가
내리고

보도步道 위엔
노오란 은행잎이
주님 주신 축복인양
쌓이는
오늘

마흔한 번째 맞는
당신의 생일은
화려하지도
바래지도 않은

가을
그
그윽한
향기

96. 11. 1. 아내의 마흔한 번째 생일에 붙여

추석 성묘

산山이 되신
할아버지 뵈오러
산山으로 향하다

생애 마지막일지도 모른다시며
길 나서시는
팔순 다 되신 아버지
등에 업고
내川
건너다

산 높고
골 깊은
빗길 산행

나는
내 아버지 생각에
그만 돌아가고 싶은데
아버지는
당신 아버지 생각에
저만치
앞서 신다

97. 9. 19. 경주 덕동 선산에 오르며

주님의 사람

옥중에 매여서도
자유로운 사람

원망 시기 멸시 속에서도
기뻐할 줄 아는 사람

삶과 죽음 사이
자신의 욕망
포기할 수 있는 사람

자신 위해 유익한 모든 것
다 해로 여겨
아낌없이 버리고
가장 고상한 지식
그분 아는 지식
원하는 사람

지나간 것 잊어버리고
앞에 있는 것 잡으려고
그분 부르신
부름의 상賞 위해
푯대를 향하여
달려가는 사람

아무 염려 아니 하며
기도와 간구로
감사하며
기뻐하고
기뻐하는 사람

배고픔과 풍부
비천과 존귀
그 어떤 형편에든지
자족함의 비결
배운 사람

주님의 사람

97. 11. 한울교회에서

축하

깊은 가을날
가라뫼 들녘

소박한 마음
하늘 사모하는 이들 모여
파스텔조의 다소곳한 성전 짓고
푸른 창을 열었다는 소식
들리다

이제
겨울 깊고 바람 차도
이렇듯
뜨거운 감사 감사
주님께 감사
넘쳐 남은

아름다운 이 성전에
여호와 계시매
따뜻한 가슴 가슴 모여
하나님사랑 이웃사랑
사랑 잔치
이룸이라

97. 12. 29. 의선교회 입당을 축하하며

바람이 머물다간 자리

바람이 머물다간 자리
사랑이 심겨지고

사랑이 머물다간 자리
소망이 싹트고

소망이 머물다간 자리
믿음이 열매 맺으니

정녕
성령은 바람이어라
주님 보내신
그
바람이어라

99. 6. 7. 한울교회에서

주님 은혜

주님
바라봄이
얼마나 큰 기쁨인지

주님
사모함이
얼마나 큰 설레임인지

주님께서
나를 사랑하심이
얼마나 벅찬 감격인지

주님 은혜
받아 보지 못한 사람은
몰라
정말
몰라!

99. 6. 7. 한울교회 세이레 특별기도회

만남

아이들은 자라
자신들의 자리를
찾아가고

불혹의 나이를 지나건만
이렇게 마주 앉아
당신을 바라보니
마음은 여전히
청년
같다

우리의 혼인날은
눈 내리는 12월
우리의 만남은
주님의 은혜

새해를 맞이하는
세월의 길목에서
또 다시 맨 처음같이
둘이 서로 마주하며
내일을
꿈꾼다

99. 12. 16. 결혼 21주년 기념일에

교수 휴게실

교수 휴게실
주로 외부 강사들이
잠시 머무는 곳이다

출강부에 사인sign도 하고
차도 마시고
강의안도 살펴본다

싱크대 위에
사용한 커피잔들 쟁반들…
어지러이 흩어져 있다
강사님들이 시간 맞추느라 급히 와서
숨 한번 쉬고
커피 한 모금 마시고
강의실로 종종걸음 하신 것 같다

교수 휴게실에서
커피잔을 씻는 것은
다시금
새로운 과목을 강의하는 것 같은
또 다른 설레임이며
기쁨이다

01. 6. 총신대 출강 중 교수 휴게실에서

祝你生日快樂

그대 모습 보려고
온 여름을 견뎠지요

하마 오실까
행여 지나칠까
가을 들녘에 나섰지요

여름 지나
가을 깊어
겨울 오는 길목에

그대는 진정
복스런 순한 양같이
그렇게 오셨지요

그대는 정녕
이방異邦의
작은 불꽃이라
그대 오심은
이 땅에
기쁨이라
큰
기쁨이라

그대를 맞아
이 땅 위하여
주님께로
함께 부름 받은
아름다운 마음들이 모여
아직은
익숙지 못한 어조지만
함께 부르는 노래

祝你生日快樂!

01. 11. 1. 중국에서 맞는 첫 번째 아내의 생일에 동료선교사들과 함께

당신의 생일 2

황희숙

오늘
생일을 맞는 당신에게
내 사랑을 드립니다
그대가 내 인생에 가져다 준
기쁨과 그 편안함
나를 부드럽게 감싸주는 그대의 포옹에
내 사랑을 드립니다

내게 좋은 친구가 되어 주고
내가 당신 인생의 일부가 되도록
맞아준 그대에게
내 사랑을 드립니다

이제는 숨을 쉬는 것만큼이나
자연스럽게 보이는 그대에게
우리가 함께 해온 시간들과
우리가 또 함께 할 나날들을 바라보며
내 사랑을 드립니다

우리의 사랑이 영원할 것은
우리 사이에
주님 늘 함께 계시오니!

02. 1. 12. 나의 50번째 생일에 붙여, 아내의 시

두만강 가에서

어릴 제
만화책을 무척이나 좋아하였지요
정의의 사자 '라이파이'가
악당들을 물리칠 때마다
나도 얼마나 하늘을 날아 보고 싶었는지요

만화 속에 담겨지는 이야기들 속에
더더욱 나의 마음을 사로잡는 것은
독립군 이야기였지요
내가 만일 '라이파이'라면
독립군이 되어 조국 독립을 위해
날고 뛰었을 것인데 하는
부푼 마음으로 말입니다

언젠가 조용히
어머니께 물어보았지요
친척들 중에 누가 독립군이었냐 고요
어머니는 대답은 아니 하시고
그냥 빙그레
웃으시기만 하셨지요

어린 마음에
우리 가문에 이렇다 할

독립군이 없었다는 것이
왜 그리도 소리 없는
안타까움으로 다가왔든지

세월은 흘러
이제
우리 아이들이 하늘을 나는
'배트맨'을 봅니다
그리고 분단된
조국 하늘을 바라봅니다

그들은 또 묻지요
오늘 누가 조국 통일을 위해
애쓰며 수고하고 있느냐고요

시간이 멈춰버린
강 너머 마을들을 바라보며
반세기 피눈물로 얼룩진
아픈 역사의 단절을
새로이 잇기 위해
우리의 땀방울이 모이고 모여
강물 되어
흘러야 할 것입니다

그날
우리의 작은 바램이
하늘 향한 기도가 되고
우리의 작은 몸짓이
이 강산에
땀방울 되어 떨어질 때
우리가 기필코 맞이할
통일 조국의 하늘 아래
우리의 이름들이
자랑스레
피어오를 것입니다

그날을
기다리며
오늘
나는
이 강가에
서
있습니다

02. 2. 14. 두만강 가에서

낯선 곳으로

어느 봄날
여름으로 이어지는 길목에
광화문 교보빌딩을 가득 채우는
큰 플랭카드가
걸려 있었다

"떠나라
낯선 곳으로
그대 하루하루의
낡은
반복으로부터!"

떠나야 하리
익숙함이 가져다주는
안락함과 평안함
낡은 생각과 행동을 좇는
옛사람을
모두 벗어버리고

낯섦이 주는 두려움은
살아있음의 증거요
의지해야 할
존재의 확인

다시 떠나리
낯선 곳으로
주님 따라
의와 진리의 거룩함으로
지으심을 받은
새사람을
향하여

02. 7. 9. 새로운 변화를 시도하며. 연변대학복지병원에서

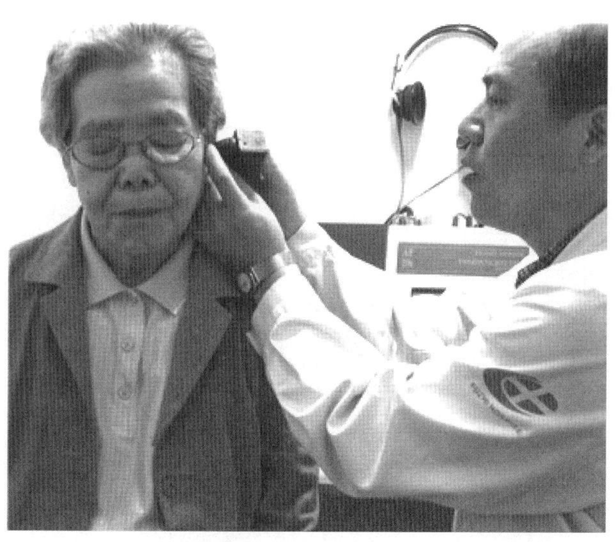

윤동주 시인의 여동생 윤혜원 님 진료, 연변대학복지병원

너는
내게 부르짖으라
내가 네게 응답하겠고
네가 알지 못하는
크고 은밀한 일을
네게 보이리라

· 렘 33:3 ·

가을

(2003-2017)

겨울 산행

겨울 산에 오르자면
뽀드득거리는 눈 밟는 소리가 좋다
훌훌 옷을 벗은 나무들 사이로
확 트인 시야가 넓어서 좋다
얼어붙은 눈길
조심스레 내어 딛는 발자국 자국
뒤따라오는 이들 길잡이 되어 좋다

춥고 험한 산길 몰아치는 바람에
한껏 움츠리고 여미었던 옷깃은
어느덧 하나둘씩 벗겨져 가고
돌덩이같이 무겁던 걸음걸음도
구름 위로 미끄러지듯 달음질한다

겨울 산에 올라 마시는 한 모금의 커피
향이 좋다 그 맛이 좋다

정상에 올라
동고동락 길동무해 온 이들 있어
마음 모아 함께 하늘로 올리는 찬양
기쁨이 있어 좋다
은혜가 넘쳐 좋다

03. 2. 10. 연길 모아산에 오르며

내가 엎드려야 할 이유

배우고 배운 대로 살지 못함과
가르치고 가르친 대로 살지 못함은
아직도 내 속에
욕심이 살아있다는
증거이다

보고도 알지 못함과
듣고도 깨닫지 못함은
내 속에 아직도
교만이 살아있다는
증거이다

이들이 살아 꿈틀거릴 때
말은 소리가 되고
몸짓은 춤이 된다

내 속에 이들이
살아있는 한
나는 또
이렇게
엎드려야만 할
것이다

03.4.7. 연길교회에서

어머니 생각

어머니 생각할 때면
가슴이 저며 온다
굴종의 오랜 세월
어찌 그리
살아오셨는지

어머니 생각할 때면
감사가 넘쳐난다
인내 속에 심어온
믿음의 씨앗이
이제 내 속에도
심겨져
꽃이 피고
열매 맺고 있기
때문이다

03. 봄. 어머니 생각하며 연길에서

비암산에서 바라 본 해란강 정경

소하룡의 봄

봄 산에 오르자니
봄은 꽃들로 찾아와
진달래 피고 피어 꽃잔치 하니
제비꽃 함초롬히 분단장하고
민들레 노랗게 미소 지며 앉았다

봄 산 언덕에서 강산을 바라보니
강은 강으로 이어져
해란강, 부르하통하강 만나
도문강 되어 흘러가고
산은 들로 이어져
연길, 용정, 도문시 만나
소하룡 들녘 발해 옛터 이룬다

봄 산에 올라 산정에 앉으니
봄은
꽃, 강, 산, 들녘과 함께 어우러져
사랑하는 이들 마음속에
봄바람으로 스며들어
내일 향한
하늘 꿈
꾸게 한다

03. 4. 19. 연변 소화룡 산에 올라

당신의 생일 3

'착하고 아름다운 복 끌어들인다'는
이름의 '연길'延吉에
상처받고 병든 마음 어루만지고
쳐진 어깨 두드리며
용기 주는 당신
복덩이 당신이 오심이
진정 '연길'延吉이었소

저 중원中原을 향한 갈망이
북만주 벌판을 휘돌아
강물 되어 흐르고 흘러
바다에 이르고
그 바다 가슴에 품기에
모든 것이 '크고 넓게 계속 된다'는
'대련'大連

그대 오늘 여기 있기에

시월 그믐밤 긴 긴 밤을
연길, 길림, 매하구 돌아
십일월 초하루 아침
심양을 가로질러
이렇게 다다른 곳

우리들의 만남이 주안에서 영원하듯
이곳은 정녕
'대련' 大連인가 보구려

주님을 사랑하기에
중국을 사랑하여
제자의 길 함께 걷는
내 사랑 당신

지천명知天命의 문턱에 선
당신 모습
흰 머리카락이 자꾸만 늘어가고
눈가엔 잔주름이 깊어만 가도
내겐 언제나 가슴 설레는
연인이라오

오늘 이토록 고운 날
이 땅 위해
함께 부름 받은 아름다운 분들과
마음의 마음으로 부르는
축복의 노래
"당신은 사랑 받기 위해 태어난 사람!"

03. 11. 1. 아내의 생일에 동료 선교사들과 함께 대련에서

그대 있음에

-은혼식銀婚式에 부쳐-

서라벌 벌판
달리던 바람
옥구 앞바다
노닐던 구름
서울 길에 올라
백운대 인수봉
휘감아 돌더니
산기슭 양지 녘에
보금자리 펴다

세월 따라
바람은 구름
구름은 바람 되어
천지天地를 돌더니

하늘로부터
내리는 빛
그 빛 속에
축복으로 인도된 곳
연길延吉
공원 한 모퉁이에
자리하다

그대 맞은
섣달
눈 쌓여
얼음 되고
얼음 쌓인 언덕에
눈 내리지만

그대 있음에
꿈은 눈 속에
봄을 그리고
동토는 하늘빛 담아
우리들 사랑 속에
길림吉林이 되고

03. 12. 16. 은혼을 맞아 중국 길림성 연길에서

전인치유사역
Wholistic Healing Ministry

전인치유사역이란
병들고
상처받은 인간을
치유함에 있어서
육체적, 정신적
영적 및 사회적 치유를 통한
전全 인간적인 치유와
회복을 위한
포괄적이고 동시적인
접근 방법이며

궁극적으로는
질병에서의 자유를 가져다주며
영원한 생명을 주시는
성삼위 하나님의 은혜에 대한
적극적인 인간 반응의
총화이다

05. 3. 안양샘병원에서 전인치유사역을 꿈꾸며

전인치유선언서

예수 그리스도 나의 왕
예수 그리스도 나의 치유자
예수 그리스도 나의 구주

나는 주님 안에서 절망으로부터 자유하다
나는 주님 안에서 질병으로부터 자유하다
나는 주님 안에서 죽음으로부터 자유하다

나는 주님 안에서 희망이 있다
나는 주님 안에서 건강하다
나는 주님 안에서 영원히 산다

05. 5. 안양샘병원 전인치유사역

안양샘병원에서의 전인치유집회

길을 묻다

전철 갈아타기 위해
차에서 내리다

어떤 남자 다가와
길을 묻다

"@#%*&$ 어디로 가요?"

초라하고 남루한 행색
조금 정신 나간 듯한 얼굴

알아듣지도 못했거니와
상대하기 싫은 마음에
못 들은 척하고
지나치다

길 가다 생각하니
길 잃은 자
길 물었는데
내가 대답지 않아
다른 길로 갔다면?!

내 가는 길도

물어 가야 할 길 아닐까
묻는다면 누가 대답할까!

"내가 곧 길이요 진리요 생명이니" 요14:6

길 가다 말고 돌아서
되돌아가다

길 묻던 이
아직도 길 헤매고 있을까
진리의 길 생명의 길은
알기나 할까!

처음 만났던 자리
길 묻던 그는
흔적도 없고
아픈 내 마음만
맴돌고 있는데

길 잃은 곳에서
다시
길을 묻다

06. 5. 창성교회 가는 길에

열차집에서

오랜만에 고교 동창생 명길이 만나다
정말 반가운 것은
할렐루야교회 집사라고 한다

자신은 무종교 집안에 태어나
결혼할 때까지 종교 없이 지내다
독실한 불교 집안에서 태어나
어린 시절 때때로
절밥도 먹고 자란 아내를 만났단다

결혼하여 살던 어느 날
정말 우연히 교회로 나가고 싶은
마음이 일어났단다
그 아내에게 교회 가자고 했더니
순순히 따라나선 아내
이제는 자신보다도 더 열심하는
크리스찬이 되어
교회봉사를 정성 다해 하고 있단다
감사한 일이다

주님 주신 마음일까!
열차집에서 그와의 조우遭遇는
모처럼 오랜 마음의 상처가 드러나고
치유되는 시간이었다

그가 먼저 말을 꺼내기를,

"그동안 마음 한구석에 아픈 추억이
있었는데, 자네는 기억하고 있을지 모르지만
고교 졸업할 당시 내가 너와는 이제
친구하지 않겠다고 말한 것 정말 사과하네
그 말은 나의 진심이 아니었고, 그 당시
내가 대학시험에 떨어진 것으로 알았기에,
내 자신이 한심하고 싫어서,
내 주위 모든 사람이 싫어져서
너에게도 그렇게 말한 것 같에!
그 이후로 네게 대한 미안한 마음이
늘 있었는데, 세월이 지난 오늘에서야
비로소 사과하네!"

내가 그 친구와의 일을 어이 잊었던가!
고교 2, 3학년, 2년 동안 단짝으로
매일같이 붙어 다녔는데!
그런 그가 대학시험 발표 날
나도 떨어져 마음이 아프지만
그가 떨어졌다니 내 일보다 더
마음 아파했는데!
-사실 그는 합격했었고
그 당시 잘 못 알고 있었는데-

그런 그가 돌연히 이제부터 친구하지
않겠다며 절교를 선언하지 않았던가!

그 후로 그와는 만나지 않았고
내 마음에 아픔은
고질병같이 깊어만 갔었지
왜?
정말 진정한 이유라도 알고 싶었다

35년 세월은 흐르고 흘러
그 아픔도 이제 다 아물어졌는데
그가 오늘 오랜만에 만나 하는 말이
"나 교회 다녀!" 하면서
옛일을 사과하는 것이었다

주님 안에서만 가능한 일이리라!
주님의 성령은
화목케 하는 영이시며
우리 허물을
기억나게 하시고
깨우치게 하시고
회개하게 하시며
회복하게 하시는
영이시다!

이 가을
어린 고교 시절에 뛰놀던
광화문 네거리
그 모퉁이 한 켠 교보빌딩 가득히
플랭카드가 걸려 있다

"가장 아름다운 열매를 위하여,
가장 외로운 낙엽을 위하여,
오늘을 사랑하게 하소서!"

이 가을은 정녕
사랑의 계절인가 보다
용서의 계절인가 보다
치유의 계절인가 보다

06. 9. 5. 광화문 청진동 열차집에서

용사 우리아

사무엘하 11-12장, 마태복음 1장

1. 용사 우리아 사무엘하11장

용사 우리아
이스라엘로 귀화한 가나안 헷 족속
다윗 군대 용사
삼십칠 인의 한 사람

용사 우리아
장가 가네
맹장猛將 엘리암의 딸
절세미인 밧세바 아내로 맞이했네
신혼집 꾸렸네
왕궁 아주 가까이

용사 우리아
멋진 사나이
전투와 전투 속에 다져진 동료애
상관에겐 절대복종
동료와는 동고동락
부하에겐 솔선수범

이스라엘 군대 출정出征 했네
암몬 수도 랍바성城 마지막 공략
여호와의 군대가 언약궤와 함께 했네

2. 비운의 우리아 사무엘하12장

왕들이 출전하는 치열한 전투
연전연승 다윗 왕 느긋한 마음에
왕궁에 남아서 낮잠에 빠졌다네
저녁 어스름, 자리에서 일어나
왕궁 옥상 거닐다 갑자기 심쿵했네
목욕하는 한 여인 너무 아름다웠네

그 여인 밧세바 잉태했다네
다윗 왕의 아이라 하네
이 사실 숨기려고 못 된 음모 꾸몄네
무시해도 될 헷 족속 출신이라며
용사 우리아 죽이려고
우직한 군인 우리아
아무 것도 모르고 달려갔네
자신이 죽을 청부살인 명령서
어명御命으로 알고 가슴에 고이 품고
믿고 따랐던 직속 상관 요압 장군에게로

돌격 앞으로!
빗발치는 화살 속
여호와 군대의 별이 지네
임전무퇴 용사 우리아!

배신의 늪에서
사랑하는 아내 빼앗겼네
그리고 쓸쓸히 죽어갔네
남은 자들의 흥겨운 축제

"다윗의 소위가 여호와 보기에
악하였더라" 삼하11:27

우리아의 죽임
다윗 평생에 오직 하나
옥의 티 왕상15:5

3. 회복의 우리야 마태복음 1장

용사 우리야!
죽임 당하고 역사에 묻힌 지 천년의 세월
만왕의 왕, 구주 예수 탄생 족보 속
아! 그 이름, 용사의 이름이
되살아났도다!

'헷 사람' 꼬리표를 뚝 떼어 버리고
다윗 왕과 솔로몬 왕을 잇는 가교架橋
위대한 왕과 슬기로운 왕 사이에
회복의 왕 되어 되살아나다!

우리야!
결코 아내를 빼앗기지 않았도다!
그리스도 예수 탄생 족보 속
기록된 다섯 명의 여인들 모두
제 이름 가지고 등장했지만,
오직 무명의 한 여인 밧세바
하나님께서 그녀를 부르시기를
우리야의 아내!

자기 백성을
그들의 죄에서 구원할 자
예수! 마1:21

우리 구주 예수께서 다시 오실 제
우리 눈에 눈물 닦아 주시고
우리 원통함 갚아 주시며
우리 쳐진 어깨 두드리시며
다시금 우뚝 세워 주시리!

아멘 주 예수여 오시옵소서!

08. 가을. 주님 오심 기다리며, 북경은혜동산교회에서

그리움

바람이 분다 바람이 불어
바람이 분다 바람이 불어
바람이 분다 바람이 불어
바람이 분다 바람이 불어

비가 내린다 비가 내려
비가 내린다 비가 내려
비가 내린다 비가 내려
눈물이 쌓인다 눈물이 쌓여

아 아아아 아 아아하
아아하 아하 아하 아–하
아아하 아하 아하 아–하

09. 여름. 북경은혜동산교회를 그리며.
LCMC집회 중 연행. 강제 출국 09. 02.21(토)

그리움

손영규 작사, 작곡

바람이분 다 바람이불 어 바람이분 다 바람이불 어
바람이분 다 바람이불 어 바람이분 다 바람이불 어
비가내린 다 비 가 내 려 비가내린 다 비 가 내 려
비가내린 다 비 - 가내 려 눈물이쌓 인 다 눈물이쌓 여
아 - - 아 아 - - 하
아 - 하 아 하 아 하 아 하
아 - 하 아 하 아 하 아

기도산에 오르다

매일 같이 오르는 기도산에
밤새 대설大雪이 내렸다
어디가 길이고 아닌지도 모르게

더듬어 오른 산 중턱 기도처
나뭇가지에 빛바랜 성구 카드가
흰 눈을 머금고
바람결에 대롱거리고 있다

"너는 내게 부르짖으라
 내가 네게 응답하겠고
 네가 알지 못하는 크고 은밀한 일을
 네게 보이리라" 렘33:3

소리쳐 외치다
주여! 긍휼히 여기소서!
내 삶의 길에
은혜를 베푸소서!

설산雪山에
하늘 향한 기도는
더욱 뜨거워져 가고

09. 12. 31. 중국 재입국 비자 거부 통보 받고 영락기도원에서

창문에 맨 붉은 줄

여호수아 2, 6장, 마태복음 1장

여리고 젊은 정탐꾼
용사 살몬

아버지 나손 장군
유다 지파 총사령관
출애굽 이스라엘 군대 최선봉장

고모 엘리세바
이스라엘 위대한 지도자
대제사장 아론의 영부인

가나안 정벌의 총사령관
여호수아의 총애 받는
차세대 유망주 청년 살몬
이스라엘 처녀들의 일등 신랑감

용사 살몬 장가가네
신부를 맞이하네
여리고 기생 라합을!

기생 라합 시집가네
신랑을 맞이하네
이스라엘 용사 살몬을!

이스라엘 처녀들 입 삐죽이며 소리치네
얼라리 꼴라리, 얼라리 꼴라리
살몬이 돌았나봐
이방異邦 창녀 라합을 아내로 맞다니!
살몬은 소리치네, 큰 소리로 외치네
라합은 믿음의 여인
내 삶의 영원한 생명의 동반자!

창문에 맨 붉은 줄
생명의 줄, 구원의 줄
그 줄 부여잡고 정탐꾼 살몬 살았네
라합 가족 생명 구했네

창녀 같고 강도 같은 나를 살리려
십자가 붉은 보혈의 맹세
"오늘 네가 나와 함께 낙원에 있으리라" 눅23:43

만왕의 왕, 구주 예수
구름 가마 타고 다시 오실 제
나는 신부
그분은 신랑!

10. 2. 주님 은혜 생각하며, 창성교회(서울)에서

친구

꿈길에
그분께서
말씀하셨다
사랑 '애愛' 라고

나 자신을 위해 울고
또
형제를 위해 울라 하셨다
'우상의 도시' 에서

고향
그 멀리서
그가
나를 불렀다
와서 도우라 한다
하여 왔다
도우러 왔다

그런 그가
나를 돕고 있다
서로
사랑으로

11. 12. 13. 폐암 투병 중인 의사 친구 요청받고 고향 경주에서

회향 回鄕

오랜 기다림을 먹고 자라는가
다시 오겠지 하며 떠나
지나온 날들 속에 너는 언제나
그곳에 그대로 있을 것이라는
기대를 안고 살았지

십 년이면 강산도 변한다는 옛말이
헛말이 아님은
사십오 년 세월 흐른 너의 모습 보며
타향인 같이 어설퍼지는
내 마음 보고
비로소 알게 되었지
내 자라난 집
뛰어다니던 골목, 신작로
오로지 희미한 기억의
한 끝자락을 붙잡고
맴돌고 있다

한줄기 겨울바람이
잔뜩 움크린 내 가슴에
나그네 설움같이
파고든다

11. 12. 22. 고향 경주에 돌아온 동짓날에

남산에 오르며

막대기
산길
바람
소나무
바위

불상
탑
절터

친구
삶
죽음

12. 1. 29. 투병 중인 친구와 함께 경주 남산에 오르며

요단강 건너간 친구

오월 스무하루 꼭두새벽
그리 종종걸음으로
가시는가

막내아들로
사랑하는 엄마 품 그리워
두 주週 앞서 가신 엄마 따라
그리 종종 가시는가

새벽 먼동 틀 때면
그분 모습 느낀다던
그대

광야에
붉은 해가 솟아오르듯이
병실 창 너머로 숨 가쁘게 찾아오시는
그분 모습에
벅찬 가슴으로 머리 조아린다던
그대

저 거친 인생길
시내광야 모압광야
휘돌아 와서

의심은 미움 함께 저 광야에 묻고
믿음은 사랑 속에 젖과 꿀 되어 흐르는
약속의 가나안 바라보며
홀로
요단강 앞에 섰으리

그 시간 용기 내어
그분 따라 홀로 갔으리
평생에 짓눌려 온
온갖 두려움들
그 강물에 던져버리고
사내대장부로 허리 동이고
오직 대장 되신 그분 손 잡고
당당히 건넜으리
그 요단강을

유월의 녹음綠陰은
이토록 푸르게 깊어만 가는데
그대 쓰던 꼬마 청진기 귀에 꼽고
콩당대는 아이들 힘찬 심장 소리에
그대 소리를 듣네
그대 체취를 맡네

12. 6. 17. 친구 故 백승인 원장을 추모하며

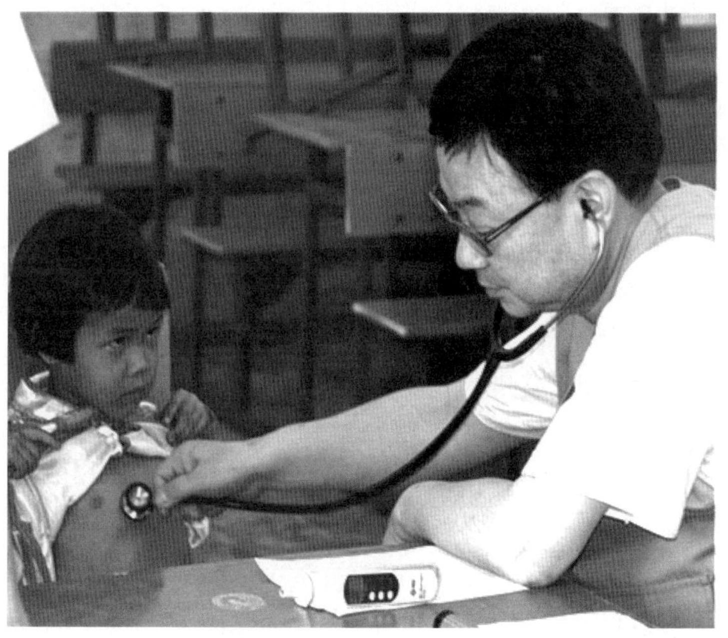

친구 故 백승인 원장 의료봉사

돌제단

십자가 그늘 아래
돌제단 위에
제물같이 누었습니다
나의 의지
나의 꿈
나의 미래조차
꽁꽁 묶었습니다

내가 할 수 있는 일이란
아무 것도 없습니다
아버지의 처분만 바랄 뿐

십자가 그늘 아래
돌제단 위에
이삭처럼 누었습니다
그저 하염없이
눈물만 흘러내립니다

한 줄기 바람이
제단 위로 스쳐 지나갑니다
그 바람결에
이삭이 들었을 것 같은
어린양 울음소리 마냥

참매미 소리가
내 귀를 열게 합니다

제물을 꽁꽁 묶은
인생의 밧줄이
이 기도산
십자가 돌제단 위에서
하늘 아버지의 은혜로
그렇게 풀릴까요

광복절 오후
이 기도 제단 위
십자가 그늘 사이로
한 가닥
햇살이 비칩니다

13. 8. 15. 양산 감림산기도원에서

황남대총

하늘 향해 용트림하며
솟아오른 노송老松들
바람 부는 대로 햇볕 쌓이는 대로
몸을 맡기고 살아온 나날들 속에
천년을 지내며 거북 등같이
두꺼운 껍질 갑옷 입고
어엿이 선 모습
제왕諸王을 지키는 맹장猛將의 기세답다

가지런히 함께 누워 쌍분雙墳을 이룬 모습
왕王과 비妃이리라 마는
님들의 이름이 무엇인지
잊혀진 채 지내 온 천년의 세월

어둠이 소리 없이 내리는
저녁 솔밭에는
님들의 목소리가
도란도란 살아난다

봉분 위에 노닐던
까치 두 마리
함께 날아오른다

2014. 봄날. 경주 대릉원을 거닐며

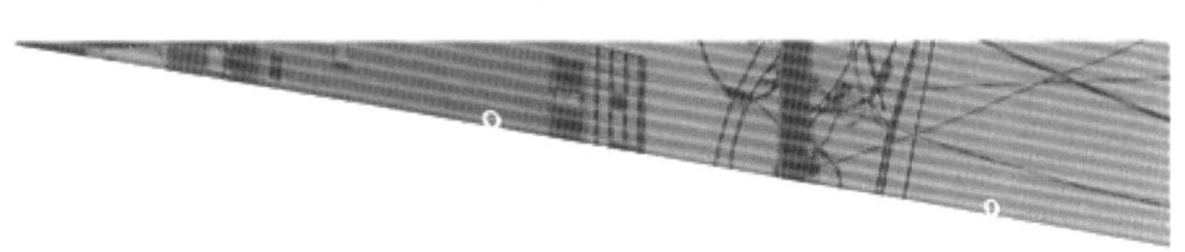
주작나무
主作

주작나무 그늘 아래

주작나무 그늘 아래는
여전히 그립고도 반가운 모습들이 모인다
더러는 낯 설은 모습도 있지만
–이 모습에 더욱 감사하다
성령님의 임재하심에
예배는 여전히 뜨겁게 이어지고 있었다
내가 언제 이곳을 떠나 있었는지도 모르게
늘 함께해 온 느낌으로 살며시 찾아가서
잠시 그림자로 앉아 있었다

하나님을 향한 뜨거운 찬양과
주님께로 드리는 간절한 기도 속에
우리가 예배 가운데 늘 이렇게 함께
만나고 있었음을 확인했다

막차 시간이 임박해 와서 그림자답게
슬그머니 빠져나와 달리기 시작했다
빗방울이 하나둘씩 떨어지는
서울 밤거리를!

전철에서 전철로 이어지는 지하세계는
여전히 불야성이다
어디 저녁거리라도 있을까 두리번거리며

서울역을 향하여 달려가는데
손목에 찬 시계는 매정하게도
나의 시장끼에도 아랑곳하지 않고
경주행 특급열차 막차 시간을 고시한다

달음질한 덕택에 떠나려는 열차에
간신히 몸을 싣고
한숨 돌려 앉으려니
한결같은 예배 모임에 늘 함께함을
확인한 내 육신은
꿈속에라도 못다 한 찬양과 기도를
내 영이 드리길 바라며
눈을 감는데
경주행 남행열차는
또 그렇게
먼 길을
떠나고 있었다

14. 6. 16 서울 나들이. 주작나무한의원

그 분의 노래

그분의 노래는
그분으로부터
시작되었기에
그분 없이 부르는 노래는
"울리는 꽹과리" 고전13:1
일 뿐

내게
그 노래
가르쳐 주신
그분
그 어린 양의 노래는
영원에서 영원으로
이어지는
영혼의
사랑 노래

14. 6. 26. 주님 사랑 노래하며

히든 싱어

그분 노래 좋아하여
그분 사모하게 되었고
그분 사모하는 마음에
그분 노래 따라 불러온
수많은 세월들

수백
수천 번 불러온
그 노래들은
내 모든 세포들 속에
도장같이 새겨져
내 노래가 되어지고

그분 사모하는 마음에
그분을 만날 수 있다는 소식
복 된 소식으로 다가와
오직
그분과 함께
그분 노래 부를 수 있다는
소망

운명의 만남은
베일 뒤에 가려진 채

숨 막히는 긴장 속에
그분의 노래는
그렇게 시작되고

노래가 이어질수록
내가 그분 노래 부르는지
그분이 내 노래 부르는지
내가 그분 안에 있는지
그분이 내 안에 있는지

노래가 끝난 무대 위
나도 모르게 흘러내리는
눈물 머금고
차마 쳐다보지도 못한 채
안절부절 설레임 속
고개만 숙이고 있는데

나를 향한 따뜻한 그분의 눈길
다정한 그분의 음성

"소원이 무엇이죠?!"

내 평생 그분과 함께

그분 노래 불러 보고픈 소원
이렇게 이루어졌는데
더 바램이 있다면
다만

“한 번 안아주세요!”

그분 품 안에 안겨
내가 우는지
그분이 우는지
우리 모두가
우는지

그분이
가르쳐 준
내 영혼의 노래는
오늘도
높이
하늘 높이
올려지고

14.7.1. 히든싱어

연밭에 이는 바람

비가 그친 오후
연밭에 오니
바람이 분다
바람결에
진흙밭 가리고 선 연잎들
춤을 춘다
연잎 위에 고인 물방울들
은구슬 되어
함께 춤을 춘다

바람이 이는 오후
연밭에 서면
마음에 쌓인 걱정 근심
물방울 구슬같이 구르다
그 바람결에 날아가고
활짝 열린 가슴으로 맞이하는
연꽃의
환희

청둥오리 한 쌍
꽃그늘에
얼굴을 가린다

14. 6. 23. 경주 첨성대 연밭에서

연꽃 축제

도솔천 끼고
펼쳐진 연밭

목련꽃 봉오리 마냥
솟아오른 모습
단아하다

연밭에 이는 바람
술렁이는
초록빛 물결
연잎들의
군무群舞

하늘에서 내려 온
백조들일까
순백의
연꽃
축제

14. 7. 23. 경주 '동궁과 월지' 연밭에서

평강의 하나님이 친히
너희를 온전히 거룩하게 하시고
또 너희의 온 영과 혼과 몸이
우리 주 예수 그리스도께서
강림하실 때에
흠 없게 보전되기를
원하노라

· 살전 5:23 ·

겨울 길목

(2018 이후)

恩愛堂

은애당 恩愛堂

문천汶川이 흐르는
국당菊堂 마을 남녘에
내가 제일 좋아하는 '은혜'와
아내가 제일 좋아하는 '사랑'이
함께 머무는 '집' 한옥韓屋
한 채 짓고, 이름 지어
심천心泉님 글 쓰시고
일곡一谷님 판에 새긴
현판懸板 '은애당'恩愛堂을
달아 붙이는 기쁨

주님의 은혜恩와
하나님의 사랑愛과
성령님이 머무는 집堂
은애당恩愛堂
하나님의 선물!

18. 12. 은애당 현판을 달면서
* 심천 心泉 한영구(서예가)/일곡一谷 오남식(서예 서각가)

쓸개 빠진 그녀

저녁 어스름이
가만히 내리는 시각
고통은 그렇게
스물스물 다가오더니
갑자기 숨이
딱 막히고 말았단다

진한 오렌지 주스 같은 담즙이
가득 찬 쓸개주머니에
영롱한 황금색 구슬 돌들이
소복이 들어앉아
담즙의 흐름을
막아 버린 그때

충치를 앓는 것보다 더
아이를 낳는 것보다 더
아파 아파 아파!
하늘 신선神仙만이
참을 수 있다기에
선통仙痛이라 했다던가!

모든 것을 훌훌 벗어 버리고
벌거벗긴 채

주검같이 드러누운 몸은
침몰해 가는 물체처럼 가라앉고
마침내 옆구리와 배에
구멍이 뚫렸다
그분의 옆구리에도 생겨난
창 자국 같은
스티그마타!

이제
육체의 가시
그 형극荊棘의 돌들을
오롯이 내려놓은 그녀가
내 앞에 히쭉 웃고
서 있다
쓸개 빠진 그녀가!

2019. 1. 8. 담낭절제술(2018. 12. 17)을 받은 아내 곁에서

강단을 떠나며

이미 예견된 일이었지만
좀 당황스러운 것은 사실이었다
세상일이 어디 논리만으로
설명될 수 있다던가
그러나 일어나는 모든 일에는
상방相方의 관점이 있다는 것만은
확실할 것이다

강단을 지키지 못하고
떠나게 됨에는
어떤 이유가 있든지 간에
나의 잘못이 크다
앞서가신 스승에 대해
면목이 없다

스승께서 정해주신
후임을 세우는 기준도
못 지키고
학과 존폐에 관한 의사 결정에
참여조차 할 수 없는
현실 앞에
무능한 제자임을
스스로 증명할 뿐

옳다고 여겨지는 일에는
혼자서라도 가며
가기 힘든 발걸음이라도
한 걸음씩 가며
예수 따라가는 길
한길로 가라시던
일보一步 스승님!

오늘따라
당신 모습
너무
그립습니다

19. 2. 28. 건양대학교대학원 치유선교학과 교수직을 떠나며

일보 이명수 교수

경주인慶州人

경주慶州에서 태어나서 15년 동안
초등학교, 중학교 졸업하고
서울로 이사 가서
고등학교, 대학교 졸업하고
결혼해서 살다가, 외국에서 살다가
45년 만에 다시
경주로 돌아온 '나'는
경주인慶州人 인가?

군산群山에서 태어나 12년 동안
그곳에서 살다가, 여기저기 살다가
어쩌다 경주로 이사 와서
살아온 지 10년 된 '너'는
경주인慶州人 인가?

진정 경주인은,
경주에서 태어난 사람인가?
경주에서 학교를 나온 사람인가?
본本을 경주로 쓰는 성姓을 가진 사람인가?
경주에 거류 신고를 하고 살아가는 사람인가?
경주로 시집온, 동남아시아, 중국
몽골, 인도 등지의 여인들도 인가?
그리고 이들에게서 태어난 아이들도 인가?

일찍이
가락국駕洛國 김수로 왕은
인도印度 아유타국 공주 허왕후를 아내로 맞아
김해金海 김 씨 시조가 되었단다
그 11대 손孫 김서현은
신라 왕족 김만명을 아내로 맞아
신라 수도 서라벌경주에서 김유신을 낳았단다
다문화 가정, 김해 김씨 출신
신라 장군 김유신은
경주인慶州人 인가?

오늘도
우리는 서로
이런 물음을
왜 하고
있는가?

2019. 3. 21. 경주에서 살면서

지하철 승강장 안전문에 걸린 시편

내가 지하철 역사驛舍를 서성이는 까닭은
당신 만나기 위함입니다

내가 지하철 승강장을 오르내리는 까닭은
당신 모습 보기 위함입니다

당신은 지하철 승강장 안전문 유리창에
하얗게 분단장한 천千의 얼굴로
갖가지 사연 담아 마주 보고 섰지요

당신 모습 뵈지 않는 역사에 내릴 때면
왜 이렇게 실연失戀 당한 연인같이
공허한 마음으로 헤매이게 되는지!

내가 지하철 역사를 서성이며
당신 모습 그리워하는 것은
내가 당신을 많이 많이
사랑하기 때문인가 봐요

19. 12. 7. 서울 지하철 역사에서

혜민惠民

주님 은혜 받기를
사모하는 자
혜민惠民

주님께 받은 은혜
나누기를 기뻐하는 자
혜민惠民

주님께서
내 마음에 새겨
부르게 하신 아호雅號
혜민惠民

은혜 받은 자여
은혜 나눌지어다
그저 받은
그 은혜를!

20. 2. 12. 惠民

사해와 염해

레위기 20장, 민수기 34장

I. 사해死海

하나님께서 주신
젖과 꿀이 흐르는
가나안 복지福地
동남단 한쪽에 자리한
독특한 소금 호수

당대 최고 독특한 미인
이집트 여왕 클레오파트라
로마 용장 안토니우스께
결혼 선물로 요구했던
아름다운 소금 바다

세상 사람들 부르기를

요단 강물 받기만 하고
내어 보내지 않는 바다
욕심쟁이 바다
소돔과 고모라 멸망으로 생긴 바다
저주의 바다
물고기 한 마리 살 수 없는 바다
죽음의 바다 사해死海라고!

정말 그럴까?
하나님께서 택하여 주신
가나안 복지福地인데!

II. 염해鹽海

사해死海란 이름
로마사람 갈렌Galen과 파우사니아스Pausanias
그들의 책에 기록한 별명別名에 불과할 뿐

성경 어디에도,
이스라엘 백성 그 누구도
결코 이 바다를
사해死海라고 부르지 않지!

이 바다, 욕심쟁이 바다 아냐!
그 옛날 지각 융기작용으로 홍해와 단절된
마지막 남은 바다의 흔적
하늘로 향한 배수로 가진
독특한 소금바다

이 바다, 저주의 바다 아냐!
유황불로 심판받은 소돔과 고모라는

역청 구덩이 싯딤 골짜기 한 편일 뿐
이 바다, 죽음의 바다 아냐!
하나님의 말씀에 이 바다 부르시길
염해민:34:12;수12:3
아라바 바다신3:17, 수12:3
동해수15:5;겔47:18 그리고
바다암8:12;미7:12 라고만 부르셨지!

III. 보해 寶海

이 바다
코발트, 니켈, 망간, 각종 중금속들이 사는
보물의 바다

독특한 소금 있어 소금비누
피부 특효약 만드는
치료의 바다

독특한 진흙 있어 세계 최고 품질의
머드 팩AHAVA 만드는
미용의 바다

독특한 기후 있어 천년의 세월 속

하나님 말씀, 사해사본 간직해 온
성서聖書의 바다
이 바다
많은 오해, 커다란 약점 가졌음에도
거룩한 성서의 땅 한 켠
당당히 차지하고
그 독특한 아름다움 뽐낼 수 있는 비결
무엇일까?

이 바다
세계에서 가장 낮은 곳에 자리한 바다
자신은 낮추고
타인은 높이 둥둥 띄워주는
겸손의 소금바다

독특하면 독특할수록
특별하면 특별할수록
자신을 낮추고 또 낮출 때
그 아름다움 보배같이 빛나리
하나님께서 주신 바다
보해寶海!

20. 2. 25. 겸손의 축복, 충효중앙교회에서

예수님의 눈물

요한복음11장

어떤 병자 있으니
그 누이 마리아와 마르다의 마을
베다니에 사는 나사로라요11:1

위독한 오라비 병환으로
그 누이들 급한 마음에
멀리 계신 예수께 사람을 보냈다네
그 사랑하는 자
나사로가 병들었다고

예수께서 들으시고 말씀하시네

"이 병은 죽을 병이 아니라
하나님의 영광을 위함이요
하나님의 아들이 이로 말미암아
영광을 받게 하려 함이라" 요11:4

그런데
예수님, 나사로 병든 소식 들으시고
이틀 더 지체하시니
사람들 눈 흘기고, 입술 삐죽이네
예수는 진정 나사로를 사랑하지 않나 봐
병이 위독하다는데 서두르지 않잖아!

일이 이렇게 다급한 데
예수님 왜 그리 느긋하신가
주님의 놀라운 능력
극적으로 보이시려고
나사로 죽기까지 기다리시다 나타나서
나사로 살리시고 영광 받으시려는가?!

주님 발걸음 옮기시네
유다 베다니 나사로 마을로

"내 친구 나사로가 잠들었도다
내가 가서 깨우러 가노라!" 요11:11

예수님 계신 곳
요단강 건너편 베레아 베다니 요1:28
요한이 처음 세례 주던 곳 요10:40
유다 베다니에서 도보徒步 하룻길

예수께서 유다 베다니에 오셨을 때,
이미 나사로가 무덤에 있은 지 나흘이라

유다 베다니 마리아와 마르다가
베레아 베다니 예수께 사람을 보내
찾아온 날, 하루

예수께서 나사로 소식 들으시고도
더 유하신, 이틀
베레아 베다니 예수께서
유다 베다니로 온 날, 하루
전체 나흘, 나사로가 죽은 지 나흘!

예수께서 나사로 소식 들으셨을 때
이미 나사로는 죽어
무덤에 있음을 미리 아셨기에
하나님의 영광을 드러내기 위해
이틀 더 유하시고
제자들께 밝히 이르시기를

"나사로가 죽었느니라!" 요11:14
"나는 부활이요, 생명이니
나를 믿는 자는 죽어도 살겠고
무릇 살아서 나를 믿는 자는
영원히 죽지 아니하리니
이것을 네가 믿느냐?" 요11:25-26

예수께서 마리아와
함께 한 유대인들이 우는 것을 보시고
심령에 비통히 여기시고, 불쌍히 여기며
나사로 무덤 앞에 눈물 흘리시니라!

우리 예수님
우리 자신, 우리 가정, 우리 직장
망할 때까지 기다렸다 회복시키므로
당신 영광 받으시려는 분
아니야!
결코 아니야!

우리 예수님
우리 고통의 자리에 함께 하시며
우리 아파 우는 것 보시고
심령에 비통히 여기시고, 불쌍히 여기사

"그를 어디 두었느냐?!" 요11:34

눈물 흘리며, 소리치는 분이시야!
우리 예수님은!

우리 꿇은 무릎 일으키시며
당신 품에 안으시고
함께 울고, 함께 웃는 분이시야!
우리 예수님은!

20. 2. 25. 부활과 생명의 주님 생각, 충효중앙교회에서

코로나19. 하나

모든 생물들이 각각
그 종류대로 창조되었으니

"하나님은 그 뜻대로
그에게 형체를 주시되
각 종자에게 그 형체를 주시느니라
육체는 다 같은 육체가 아니니
하나는 사람의 육체요
하나는 짐승의 육체요
하나는 새의 육체요
하나는 물고기의 육체라" 고전 15:38-39

그래서 질병도
사람의 병이 다르고, 짐승의 병이 다르고
새의 병이 다르고, 물고기의 병이 다른데

코로나19, 너는
짐승의 감기 바이러스인데
어째서 사람들에게 들어와서
폐렴을 일으키니?!

박쥐, 너는 언제부터 사람들과
그렇게 친해져서

감기 바이러스를 서로 공유하게 되었니?!

그토록 오랜 세월 함께 살아오면서
서로의 경계 넘어서지 않고
창조의 섭리 지키며 살아왔건만
이제 그 금단의 벽이 하나, 둘씩
허물어짐은 어인 연고인가!

"새 중에 너희가 가증히 여길 것은
이것이라 이것들을 먹지 말지니
큰 독수리와 솔개---박쥐니라" 레11:13-19

하나님의 말씀 따라 먹지 말라고
경고하신 것들에 대해서
경각심을 새롭게 새롭게 해야 할 것인데!

언제부터인가
사람들은 바이러스연구소를 설립하고
질병을 치료하고 관리하기 위해서라며
짐승에게 기생하는 바이러스 유전자를
서로 섞어 붙였다 뗐다 하며
사람의 감기 바이러스 유전자도 함께
섞어 붙였다 뗐다 반복하게 되었다

이런 와중에 혹시 도망쳐 나온 놈이
너, 코로나19이니?!

그래서 많은 사람들은
그 치료제와 백신을 만든다고
또 짐승에게 기생하는 바이러스 유전자를
섞어 붙였다 뗐다 하며
사람에게 기생하는 바이러스 유전자도
함께 섞어 붙였다 뗐다 반복한다

아! 이제 어쩌나!
아른거리는 또 다른 모습의
너의 검은 그림자!

20. 3. 19. 코로나19 만연한 날, 소망이비인후과의원에서

코로나19. 둘

어느 날
탐욕의 인간들이
열어서는 안 될 금단의 문을 열어 제치자
동물과 인간을 상통相通하는 길이 뚫렸다

열린 문으로
동물의 질병들이 인간 속으로
거침없이 질주하기 시작한다

그러자 인간과 인간이 통하는 문들
닫히기 시작한다

친구 간의 반가운 악수도
연인 간의 뜨거운 입맞춤도
이웃 간의 정겨운 방문도
닫혀 간다

하늘길도, 뭍길도, 바닷길도
닫혀 간다

열어서는 안 될 문들을 열어 버리니
열려 있어야 할 문들이 닫혀 간다

20. 3. 19. 코로나19 창궐한 날, 소망이비인후과의원에서

2020의 봄

지난해 1월
내 생일에 피었던
동백꽃
올해는
꽃망울만 오롯이
머금고 있더니

3월 다 가는 길목
목련꽃 한 잎 두 잎
져가는 오후
올 봄이 이토록
아파서인지
동백꽃
피를 토하듯
피어나고 있다

소나무 가지 사이
낮달이 걸려
아파하고
벚꽃 꽃비로
울고 있는
봄날

20. 3. 29. 코로나19 만연한 봄날, 은애당에서

예배당

메마르고 황무한 광야
호렙산 기슭 빈 들
볼품없는 떨기나무
여호와 하나님 불꽃으로 임하심에
거룩한 땅
발에 신 벗고
예배드릴 곳

작은 예배당
비록 우리 눈에 초라해 보여도
꽁꽁 걸어 잠가 두었더라도
주 성령 가득 차 우리 영혼 깃들이면
그곳은 거룩한 곳

걸어 둔 빗장 푼
활짝 열린 대예배당도
성삼위 하나님 간 곳 없고
우리 이름, 우리 말
우리 노래만 가득하다면
그곳은
황량한 광야 빈 들일 뿐
허울 좋은 떨기나무일 뿐

2020. 5. 17. 코로나19 만연한 주일, 충효중앙교회에서

정원을 가꾸며

은애당恩愛堂 뜰에 잔디 심고, 돌담 따라 나무 심고, 꽃밭도 만들었다. 세월 흐른 은애당 뜨락은 푸른 잔디밭에 계절을 좇아 꽃들이 피고 진다. 매화, 목련, 벚꽃, 동백, 철쭉, 모란, 백리향, 장미, 작약, 백두패랭이, 백합, 장구채, 송엽국, 향달맞이꽃…….

그런데 어디서 왔는지 심지도 않은 잡초들이 곳곳에서 자라난다. 이들도 계절을 좇아 종류를 달리하며, 뽑아도, 뽑아도 시공간을 가리지 않고 자라난다.

매일 아침 아내는 손목이 시큰하도록 호미질하며 이들과 다툼을 벌린다. 뿌리까지 뽑지 않으면 또다시 자란다며!

뒷집도 넓은 정원에 잔디를 심었다. 잡초들이 자라고 자라니, 여주인은 몸이 너무 힘들다면서 잔디밭 위에 온통 자갈을 덮어버렸다. 건너편 집은 마당을 아예 콘크리트 바닥으로 바꾸어 놓았다.

잡초가 전혀 자라나지 않는다. 꽃도 피어나지 않는다.

마음의 정원, 은혜동산, 혜원惠園에도 꽃밭이 생겨 있다.

이 동산에 시절을 좇아 꽃들이 피고 지며, 열매를 맺어 간다.

사랑, 희락, 화평, 오래 참음, 자비, 양선, 충성, 온유, 절제의 열매들갈5:22.

그리고 온갖 잡초들도 상황을 따라 자라난다. 미움, 다툼, 시기, 질투, 분냄, 음란, 악독, 탐욕, 도둑질, 우상숭배, 교만과 우매함. 막7:21-22, 갈5:19-21

아침저녁으로 이러한 잡초들을 뽑고, 적절히 물주며, 정원을 가꾸어 가기가 힘겹기 그지없다. 이 수고를 덜기 위해 이 정원 뜨락을 이참에 자갈밭으로 바꿀까?! 아니면 아예 시멘트로 발라 버릴까?! 아니야, 아니야! 그럴 순 없지! 잡초가 나서 이를 뽑느라 힘들어도, 푸른 초원 은애당이 나는 좋아!
성령의 열매 익어가는 혜원이 나는 좋아!

정원을 가꾼다는 것은 정성을 기울인다는 것이다.
몸을 낮춰 부지런히 살피고, 사랑과 인내로 정성껏 돌봐야만 하는 일

오늘도 은애당 뜨락엔 바람이 불고, 꽃이 피고, 열매가 익어간다. 그리고 잡초도 자라난다.

2020. 6. 5. 여름의 문턱, 은애당에서

우리가

감사함으로

그 앞에 나아가며

시를 지어 즐거이

그를 노래하자

· 시 95:2 ·

■ 해설 ■

김성구 시인

손영규 시집 『당신의 사랑』 평전

은혜의 정원에서 피어나는 천상의 꽃향기

김성구

시인 · 문학평론가 · 국제문학 발행인 · 철학박사

시詩가 흐르는 곳이 시냇가요, 시냇물에서 헤엄치는 물고기는 시어詩魚이며, 시냇가에서 물장구 치고 노는 아이들은 시인詩人이다. 오늘 시집 『당신의 사랑』을 출간하는 시인 손영규 박사는 아침부터 저녁까지 시냇가에서 물장구치고 물고기를 잡아 수족관에 키우며 행복해하는 어린이와 같다.

시집 『당신의 사랑』 한 페이지를 넘기면 초록 잎이 돋아나고, 또 한 페이지를 넘기면 아름다운 꽃이 활짝 피고 온천지에 꽃향기 날린다. 또 한 페이지를 넘기면 탐스런 열매들이 주렁주렁 열린다. 이렇게 당신의 사랑에 푹 빠지게 되면 당신의 인생사에도 행복이 깃들 것이다. 혜민의 시집을 읽다 보면 은애당恩愛堂 마루에서 감사의 기도를 드리는 시인 부부의 모습을 보게 될 것이다.

문학은 삶이요, 신앙도 삶이다. 소중한 삶의 이야기를 한 권의 시집으로 출간하게 됨에 박수를 드리며, 세상이 감당하지 못하는 하나님의 사람이 조심스레 살아온 경건한 이야기이기 때문에 더욱 소중한 것이다.

한 사람이 세상에 태어나 하나님의 사람으로 살아가면서 경험하는 이야기들을 쓰는 것은 자신의 영혼을 치유하는 일이다. 그 중에서 감동과 감격이 있는 이야기들을 모으면 소설이 되고, 영화가 되고 드라마가 되기도 한다. 우리가 경험하는 삶의 이야기들을 감동될 때마다 그 장면들을 노래로 짓는다면 그것은 시편이 된다. 다윗이 살아가면서 은혜의 감동을 노래로 지어 시편이 탄생했듯이 손영규 시인의 『당신의 사랑』 또한 21세기에 읽혀질 『시편』이다.

1946년에 노벨문학상을 수상한 헤르만 헷세는 수상작 : 데미안, 스위스 소설가 청소년 시절에 "시인이 되지 않으면 나는 아무것도 되지 않겠다."고 하였다. 그는 시를 써서 자비출판부터 하면서 본격적인 작가의 길을 걸었다. 헤르만 헷세가 1919년 대표작 『데미안』을 통해 소년의 고뇌와 자기 인식을 탐구하는 과정을 그려냈다. 이런 성장소설은 제1차 세계대전 후 혼란과 우울에 빠진 독일 국민에게 큰 영향을 끼치며 유럽 전역에서 베스트셀러가 되었으며, 그는 노년에는 그림을 그리기 시작했다. 시로 소설로 표현할 수 없는 작가의 예술적 행위를 그림으로 표현하였다. 1920년에 첫 개인 전시회를 연 이후 파리, 마드리드, 뉴욕, 도쿄, 몬트리올, 함부르크 등에서 전시회를 열었고, 제2차 세계대전으로 생활에 위협을 받던 시기에는 그림을 팔아 생계를 꾸리기도 했다. 그림 전시회를 열면서 헤르만 헷세는 다음과 같이 말했다.

"나는 훌륭한 화가는 아니다. 나는 그저 아마추어에 불과하다. 그렇지만 계절마다 시간마다 변하는 골짜기의 모습, 날마다 구불구불한 길을 나만큼 잘 알고 사랑하는 사람은 없다. 나처럼 그 모든 것을 가슴에 품고 살아가는 사람은 없다."

헤르만 헷세는 계절의 변화를 시와 그림으로 표현하였다.

혜민 손영규 시인은 자신의 인생을 사계절로 표현했다. 사계절을 허락하신 하나님의 손길은 어떻게 펼쳐지며, 치유의 역사는 어떻게 일어났을까? 계절마다 주님의 손길을 어떻게 느낄 수 있을까?

오늘날 현대인들에게 가장 시급한 문제는 마음의 치유이다.

혜민시인은 어린 시절에 꿈을 꾸었다. 자신의 삶을 담은 자그마한 시집 한 권 가졌으면 하였다. 고교 시절에 문예부 친구들이 교지校誌에 시를 쓰는 것을 보고 꿈을 꾸기 시작했다.

대학생 시절 그 꿈은 더 간절해져서 대학신문에 시를 응모했는데 시인 조병화 교수의 시평을 받아 대학신문에 실렸다. 이 때 이미 대학생 시인이 된 것이다. 그러나 긴 세월을 사명자로 보낸 후 인생의 가을 끝자락에서 국제문학 신인작가상 당선으로 시인으로 등단하고 시집을 출간하였으니 이 또한 박수를 크게 보낸다.

혜민시인은 성경을 삶의 텍스트로 설정하고 그에 맞춰 살아가려고 온 정성을 다하였다. 그는 서시에서 이렇게 말한다.

주님의 말씀에 인생을 걸고
주님 말씀대로 살아 보려고
흉내라도 내보려고
발버둥 해 온
세월

지나온 날들 돌이켜 보면
아쉽고, 안타깝고
가슴 깊이 아려온다

인생의 계절
이리도 빠르게 지나는가!
봄날인가 했는데
어느덧
겨울 길목에 서다

주님과 함께 살아온
내 인생의 사계四季
그 삶의 노래들
나직이 불러 본다
–「서시」 전문

초록 물결 위로 나르는 은빛 갈매기

은빛 갈매기 한 마리가 하늘 끝에서 '조찰히 씻기우는 별빛 속으로' 솟아오르고 있었다. 그리스도인은 날마다 보혈의 샘에 씻고 정결하게 살아갈 수 있다. 청년 손영규는 어둔 세상에서 하늘의 별처럼 살아가려면 밝은 빛을 발하는 별빛이 되고 싶었다. 밤하늘에는 찬란히 빛나는 별도 있지만 보일 듯 말 듯 어둠에 묻힌 별도 있다. 청년 손영규는 보혈로 씻김 받음을 '조찰히 씻기우는 별빛'이라 했다. 밤하늘에서 빛나는 별처럼 순결하게 살아가길 희망하였다. 그러나 시인이 정의를 위해 살아가려는 뜨거운 열정이 고난과 역경에 가로막히고, 내일을 예측할 수 없는 사회적 현실이 마치 산 자도 죽은 자 같이 생각이 들어도 꿈꾸는 은빛 갈매기가 되어 푸른 하늘로 날아올랐다.

산 자도 죽은 자 같은
생각이 들 때면
나는
높푸른 하늘로 발돋움하고
오르려 솟아오르려고
내 작은 나래를 파닥인다

별빛 속을
이제사
초연히
솟아오르다

–「갈매기의 꿈」 중에서 –

청년 손영규를 마중하고 있는 세상은 녹녹하지 않았다. 밖에는 비상계엄이 발령되었고, 난리와 소문이 혼란스러울 때 오직 역사를 주관하시는 하나님의 뜻을 기다렸다. 사람이 할 일이 있고, 하나님이 주관하시는 일이 있다. 하늘의 뜻에 귀를 기울일 줄 알았다.

그날 아침엔
하얀 까치 한 마리
날아와
우짖어도 좋으리니
이제는
다소곳이 두 귀를 기울이고
하늘에서 오는
영혼의 소리를 듣자

–「봄의 소리」 중에서 –

청년 손영규는 병실 화병에서 시들어가는 장미 꽃송이를 보았다. 거기에는 그리스도의 보혈에 씻음 받아 피어나는 거룩한 꽃송이가 있었다. 하늘 꽃밭에 피어나는 거룩한 꽃. 그 꽃은 곧 그리스도인이 세상에서 피어야할 꽃이다. 이 꽃은 시들지 않고 하늘향기 날리며 생명의 씨앗을 품는 꽃이다.

오직 거룩한 꽃은 '그 뼈를 꺾는 아픔과/ 생명인 피를 뿌림으로써/ 영혼에 죄를 가진 자 위해/ 대속의 제물이 되는 어린 양 같이/ 그렇게 모여진/ 송이/ 꽃송이' 인 것이다.

–「희원」 중에서 –

인생의 계절을 아름답게 가꾸고 추수의 때에 좋은 결실을 맺기 위해 봄날에 씨를 잘 뿌려야 한다. 청년시인은 봄밭에 뿌려지는 씨앗들이 사람들의 입술에서 떨어지는 것을 보았다. 우리 속담에 "말이 씨가 된다."는 말이 있듯이 청년 시인은 말의 소중함을 인식하면서 한 번 뱉은 말은 거둬들일 수 없음을 인식하고 좋은 씨를 심기 위해 세상에 나가기 전에 좋은 낱말을 고르는 경건의 시간을 이어간다.

표백되지 않은 대화가/ 거리마다 뒹굴고 있다// 시청 앞 분수인 양/ 쏟아져 흩어지는 언어들 속에/ 어제와 오늘이 숨 쉬고 있고/ 또 내일의 모습이 보인다// 그것은/ 정녕 내 생명의 한 파편으로/ 다른 이의 상념 속에/ 향기롭게 박혀지길/ 바라는 마음이면서도/ 입이 바르지 못함에/ 왠종일/ 햇빛 한 줌 삼키고/ 가슴앓이하다// 아침/ 자리에 일어나면/ 오늘의 낱말을 고른다//

–「오늘 이야기」 중에서 –

누구나 청년기의 아름다운 추억이 있다. 시인의 젊음의 뜰에도 이웃집 순이네 쪽빛 하늘 우물가에 참새 두어 마리와 빨간 고추잠자리와 해바라기는 늘 소년처럼 살게 하는 치유 이미지이다.

흐드러지게 환한 웃음
순이
얼굴
–「가을 소묘」 중에서–

사랑의 노래를 부르는 시인

시인의 봄날은 가고 이제는 빛나는 눈으로 부딪쳐야 하는 거대한 성을 향해 발걸음을 옮긴다. 혜민시인의 청년기는 봄이요, 결혼 이후는 여름이다. 혜민의 가정은 에덴의 동산이다. 아내를 향한 시인의 사랑은 주님을 향한 사랑으로 승화되었다. 성경에서도 부부관계에서 얻는 영적 교훈은 '그리스도와 교회와의 관계에 대한 진리'라고 했다.

어느 날인가
당신의 사랑으로 가득한
그 강물은
더욱 더 깊어가고
당신께로 향한
나의 마음을 담은
그 나무들은
당신이 거하실 처소를
이루어 갈 것이옵니다
-「당신의 사랑」 중에서-

창밖엔
조용히
당신의 기도 같은
가을비가/ 내리고

보도步道 위엔
노오란 은행잎이
주님 주신 축복인 양
쌓이는
오늘

마흔한 번째 맞는
당신의 생일은
화려하지도
바래지도 않은

가을
그
그윽한
향기
–「당신의 생일 1」 전문 –

포근한 한 번의 포옹으로도
두 손 가만히 감싸 쥠에도
따뜻한 눈길만으로도
온 가슴 설레임에
전율하는 당신

–「선물」 중에서 –

시인의 아내가 쓴 시를 보면 그 사랑의 깊이를 알 수 있다

내게 좋은 친구가 되어 주고
내가 당신 인생의 일부가 되도록
맞아준 그대에게/ 내 사랑을/ 드립니다
– 황희숙의 「당신의 생일 2」 중에서 –

지천명知天命의 문턱에 선
당신 모습
흰 머리카락이 자꾸만 늘어가고
눈가엔 잔주름이 깊어만 가도
내겐 언제나 가슴 설레는

연인이라오

–「당신의 생일 3」 중에서

시인의 아내와 함께 사명을 감당하는 기쁨은 은혼식銀婚式 날에 지어 아내에게 바친 시를 보면 잘 나타났다.

그대 맞은
섣달
눈 쌓여
얼음 되고
얼음 쌓인 언덕에
눈 내리지만

그대 있음에
꿈은 눈 속에
봄을 그리고
동토는 하늘빛 담아
우리들 사랑 속에
길림吉林이 되고

–「그대 있음에」 중에서 –

전인치유시인으로 살아가는 길

삶은 믿음의 행진이요, 영적 전투이다. 주님께서 베드로에게 "사람 낚는 어부가 되라" 하셨다. 병원을 개업해도, 교회의 사역을 하여도 그 사명을 바탕으로 살아가려 몸부림치고 있다.

교회 가는 길에서 만난 붕어빵 장수는 팔딱거리는 금붕어를 하나 가득 잡아낸다. 시인의 손에는 아직 사람 낚는 어부라는 증표를 보여줄 수가 없어 고뇌한다. 아직 그물에 고기가 없기 때문이다. 주님 오늘 물으신다. "너희에게 고기가 있느냐?"

> 교회 가는 길/ 붕어빵 장수 아저씨를 만난다// 갈릴리 호숫가 같은/ 양지마을 길가에/ 베드로의 배 같은 미니 트럭에 걸터앉아// 금방이라도 팔딱거리며/ 살아 움직일 것 같은 금붕어들을/ 만들어 낸다// 교회 가는 길/ 붕어빵 장수 아저씨는/ 오늘도 바구니 하나 가득 통통한 붕어들을 만들어 놓았건만/ 내 손엔 아무 것도 없다// 한 사람이라도 낚아서/ 주님 계신 교회로/ 데려가야겠는데// 주님 그물 내릴 곳을/ 일러 주소서//
>
> –「교회 가는 길」 전문 –

혜민시인의 고뇌는 더욱 깊어만 간다. 병원을 개업하여 육신을 치료해주지만 저들의 영혼을 어루만질 수 없어 안타까울 뿐이다. 주님 말씀처럼 "에바다"하고 열려지길 소망한다.

> 신도시 분당/ 양지마을 한 켠에/ 병원을 열었다// 귀, 코, 입 그리고 눈병을/ 치료하는 병원을 열어서인지// 듣지도, 말하지도/ 보지도 못하는 자들이/ 많이 온다// 주사로, 약으로, 치료하고 돌봄에/ 육신의 병은 낫아 가지만// 영혼의 귀, 코, 입/ 그리고 눈은/ 도무지 열려 하지/ 않는다// 주님/ 주님 말씀만이 묘약이오니/ '에바다' 하여/ 주옵소서//
>
> –「에바다」 전문 –

시인은 주님의 사람은 어떤 사람인가 고백한다.

배고픔과 풍부
비천과 존귀
그 어떤 형편에든지
자족함의 비결
배운 사람

주님의 사람
—「주님의 사람」 중에서 — —

의사의 고백이다. 치유는 인간에 의해서가 아닌 오직 성령의 바람에 의한 치유이다.

바람이 머물다간 자리
사랑이 심겨지고

사랑이 머물다간 자리
소망이 싹트고

소망이 머물다간 자리
믿음이 열매 맺으니

정녕
성령은 바람이어라
주님 보내신
그/ 바람이어라
—「바람이 머물다간 자리」 전문 —

치유는 어디에서 일어나는가? 예수를 그리스도로 진정한 마음으로 고백할 때 일어난다.

예수 그리스도 나의 왕
예수 그리스도 나의 치유자
예수 그리스도 나의 구주
–「전인치유선언서」 중에서 –

이 감격스러운 영적 비밀을 깨달아보지 못한 사람들은 모르기에, 이 감격에 살아가기에 오지奧地를 향해 선교사역을 떠났던 것이다.

주님 은혜
받아 보지 못한 사람은
몰라
정말
몰라!
–「주님 은혜」 중에서 –

모든 삶은 그리스도에 대한 고백에로 귀결된다.

주님은
그리스도
살아 계신 하나님의 아들
병들고 상처받은 몸과 영혼의
참 치유자
예수
우리 구주
우리의
소망
–「예수」 전문 –

시인의 선교열정이 노래가 되다

시인이 선교사로 사역하던 2009년 2월 19일에 중국 북경에서 연행되어 다음 다음날에 강제 추방을 당하였다. 선교의 불타는 사명감은 시가 되고 노래가 되어 작사작곡에 이르렀다.

바람이 분다 바람이 불어
…… 중략
비가 내린다 비가 내려
…… 중략
눈물이 쌓인다 눈물이 쌓여
–「그리움」 중에서 –

철의 장막으로 막혀버린 선교지를 버릴 수 없다. 이제 기도할 수밖에 없다.

매일 같이 오르는 기도산에
밤새 대설大雪이 내렸다
어디가 길이고 아닌지도 모르게

더듬어 오른 산 중턱 기도처
………
중략
……

설산雪山에
하늘 향한 기도는
더욱 뜨거워져 가고
–「기도산에 오르다」 중에서 –

혜민시인의 기도는 노래가 되어 천지에 울려 퍼지고 하늘에 닿았다.

그분의 노래는
그분으로부터
시작되었기에
그분 없이 부르는 노래는
울리는 꽹과리
–「그 분의 노래」 중에서 –

쓸개 빠진 그녀와 사랑에 빠진 경주인

혜민 시인이 담석 수술한 아내를 '쓸개 빠진 그녀'라고 한다. 시인의 사랑은 날이 갈수록 더욱 뜨겁다. 작은 에덴 은애당을 건설하고 하나님의 은혜와 십자가의 사랑과 성령님이 임재하시는 집으로 가꾸는 정성은 골고다 언덕을 부활의 동산으로 가꾸는 믿음이다.

사명자는 진정한 경주인이다. 경주에서 태어나야 경주인이 아니다. 경주에서 살아야 경주인이 아니다. 경주하는 자가 경주인이다. 사명자로 나의 달려갈 길을 다 가고 경주를 쉬지 않는 자가 경주인이다. 내 힘으로 달릴 수 없다. 은혜를 받은 자만이 저 천성을 향해 달릴 수 있다. 무엇을 위해 달리는가? 받은바 은혜를 나누기 위해 달린다. 그저 받은 그 사랑을 불쌍한 저들에게로 가서 전하고 나누기 위해 경주하는 자가 진정한 경주인이다.

경주慶州에서 태어나서 15년 동안
초등학교, 중학교 졸업하고
서울로 이사 가서

고등학교, 대학교 졸업하고
결혼해서 살다가, 외국에서 살다가
45년 만에 다시
경주로 돌아온 '나'는
경주인慶州人인가?

군산群山에서 태어나 12년 동안
그곳에서 살다가, 여기저기 살다가
어쩌다 경주로 이사 와서
살아온 지 10년 된 '너'는
경주인慶州人 인가?/

–「경주인 慶州人」 중에서 –

시인은 거룩한 정원을 가꾸는 자

우리가 살고 있는 이 땅은 나의 정원이다. 아름답게 가꾸어야할 사명이 누구나 있다. 아담은 하나님이 주신 에덴을 잃었고, 사람들은 지구촌을 파괴하며 종말을 향하여 카운트다운 당하고 있다.

철학자 바뤼흐 스피노자Baruch Spinoza, 1632. 11. 24–1677. 2. 21, 네덜란드는 "내일 지구의 종말이 온다 할지라도 나는 오늘 한 그루의 사과나무를 심겠다."라고 하였다. 그는 유대인이지만 그의 철학은 열매가 있는 한그루의 사과나무를 심는 사람이었다. 종교를 노래하고, 하나님을 설교하는 수많은 사람들이 있지만 말만 무성한 종교가 아닌 열매가 있는 나무, 진정한 사과가 열리는 나무를 심는 자가 되고자 했다. 내일이 종말이라고 해도 오늘 해야 할 일을 게을리 하지 말아야 한다는 교훈을 강하게 말했다. 스피노자가 사과나무를 심었는지는 확인한 바가 없어 알 수 없으나,오늘 혜민시인은 오염된

지구촌의 한 구석에 새살이 돋아나고, 잃었던 낙원을 복원하는 일을 하고 있다.

메마르고 황무한 광야
호렙산 기슭 빈 들
볼품없는 떨기나무
여호와 하나님 불꽃으로 임하심에
거룩한 땅
발에 신 벗고
예배드릴 곳

작은 예배당
비록 우리 눈에 초라해 보여도
꽁꽁 걸어 잠가 두었더라도
주 성령 가득 차
우리 영혼 깃들이면
그곳은 거룩한 곳

걸어 둔 빗장 푼
활짝 열린 대예배당도
성삼위 하나님
간 곳 없고
우리 이름, 우리 말
우리 노래만 가득하다면
그곳은
황량한 광야 빈 들일 뿐
허울 좋은 떨기나무일 뿐

–「예배당」 전문 –

혜민시인이 살아온 삶의 철학이 담겨진 시는 「정원을 가꾸며」에 잘 표현되었다.

> 마음의 정원, 은혜동산, 혜원惠園에도 꽃밭이 생겨 있다. 이 동산에 시절을 좇아 꽃들이 피고 지며, 열매를 맺어 간다. 사랑, 희락, 화평, 오래 참음, 자비, 양선, 충성, 온유, 절제의 열매들갈5:22. 그리고 온갖 잡초들도 상황을 따라 자라난다. 미움, 다툼, 시기, 질투, 분냄, 음란, 악독, 탐욕, 도둑질, 우상숭배, 교만과 우매함막7:21–22, 갈5:19–21. 아침저녁으로 이러한 잡초들을 뽑고, 적절히 물주며, 정원을 가꾸어 가기가 힘겹기 그지없다. 이 수고를 덜기 위해 이 정원 뜨락을 이참에 자갈밭으로 바꿀까?! 아니면 아예 시멘트로 발라 버릴까?! 아니야, 아니야! 그럴 순 없지! 잡초가 나서 이를 뽑느라 힘들어도, 푸른 초원 은애당이 나는 좋아! 성령의 열매 익어가는 혜원이 나는 좋아!
> 오늘도 은애당 뜨락엔 바람이 불고, 꽃이 피고, 열매가 익어간다. 그리고 잡초도 자라난다.
> –「정원을 가꾸며」 중에서 –

시의 본체는 하나님이시다. 하나님이 현현한 세상은 시로 표현되었다. 우주의 삼라만상에 하나님의 품성이 가득 차 있다. 시인이 진정한 시를 쓰기 시작하면 하나님을 발견하게 된다. 시를 쓰다가 하나님과 깊은 교통이 이뤄진다면 영적인 세계가 열리는 영감의 시가 터져 나온다.

혜민 손영규 시인 목사께서 한평생을 믿음 위에 서서 "에바다" "열려라" 하늘음성을 품고 섬겨온 그 세월들을 한권의 시집을 지어 상재하였으니 이는 어느 시인의 시집에 비교할 수 없을 만큼 그 무게와 깊이가 남다르고 의의 또한 지대하다.

헤르만 헷세가 인생의 겨울에 이르러서 그림을 그리듯이 혜민은 가을이 깊어갈 즈음 정원을 가꾸기 시작했다. 혜민의 문학은 삶이 펼쳐지는 공간이다. 혜민의 시는 거룩한 노래요, 영혼의 소통이다. 진정한 시인은 창조주의 숨결을 찾아내어 노래하며 서로 소통하는 자이다. 혜민 손영규 시인의 정원에서 피어나는 꽃의 향기가 에덴의 향기가 되길 기대한다.

■ 작가 후기

주님 안에서 살아 온 것이 너무나 감사한 일입니다.

모태로부터 믿음 안에서 태어나 그 믿음 안에서 자라게 된 것은 주님의 은혜요, 믿음의 부모님 덕분입니다. 이 믿음 안에서 함께 자라난 형제자매들이 있기에 힘이 되었습니다. 그리고 감사한 것은 믿음의 부모님과 형제들을 가진 아내를 맞이한 것입니다. 그러기에 믿음의 두 아들을 선물로 받았고, 이들 모두 목사가 된 것입니다. 이제 이 자손들이 또 이 믿음을 이어갈 것입니다.

그러므로 이 시집은 저의 삶을 통한, 영원한 생명의 주인 되신 하나님께로 향한 '믿음의 고백'이자 '감사의 노래'입니다.

이 시집이 나오기까지 수고해 주신 모든 분들께 감사드리며, 특히 해설을 맡아 주신 문학평론가이자 시인이시며, 국제문학지의 발행인 되신 시목詩牧 김성구 박사님께 감사드립니다. 아울러 멋진 시집으로 만들어 주신 도서출판 대장간 배용하 대표님께 감사를 드립니다.

혜민惠民

손영규